마음만 먹으면
당신도 부자가 된다

You infinite power to be rich

마음만 먹으면
당신도 부자가 된다

You infinite power to be rich

조셉 머피 지음 / 미래경제연구회·이선종 옮김

부흟를 소망하는 모든 사람들에게

이 세상의 어느 누가 자신이 원하는 대로 모든 일이 이루어지기를 바라지 않을까? 하지만 세상의 일은 자신의 뜻대로만 되지 않는 법이다. 그 까닭은 무엇일까? 그것은 자신의 가슴 속에 존재하는 광대 무변한 힘을 알지 못하기 때문이다. 그렇다면 어떻게 해야 그 힘을 알 수 있을까?

먼저 인생에 있어서 '가장 위대한 진리는 가장 간결하다' 는 말에 동의해야 한다. 그럼 당신은 이미 어느 정도는 그 힘을 알고 있는 것이다. 그러고 나서 좀더 머피 박사의 이야기에 귀 기울여 보면 당신에게 보다 멋진 앞날이 펼쳐질 것이다.

그럼 한 발 앞으로 걸어보자.

머피 박사는 개개인에게 적합한 구체적인 경우를 이 책에서 완전하고, 실용적이고, 상세하고, 극적인 명쾌함으로 전개하고 있다. 그는 당신에게 삶의 철학을 일깨워 준다.

따라서 당신은 이 책 속에서 이야기하고 있는 수많은 사례나 충고를 받아들여 질병·실패, 비즈니스상의 문제, 가족과의 관계, 우울·욕구 불만 등에서 벗어나 보다 나은 건강·행복·풍요·성공의 상태에 이르게 할 해답을 얻을 것이다.

뿐만 아니라 이 책은 열심히 기도를 했지만 명쾌한 해답을 얻을 수 없었던 까닭에 대해서도 당신에게 알려 줄 것이다.

그러면 당신은 당신의 어떠한 달콤한 꿈보다도 더욱 번영할 수 있으며, 당신이 원하는 그대로 이루어질 수 있는 기쁨과 자유를 발견할 수 있을 것이다.

머피 박사는 이러한 상태에 이르게 하는 놀라운 작용을 '무한의 힘'이라고 말하고 있는데, 그 힘은 당신을 위해서 반드시 기적을 일으킬 것이다.

이 책을 여행하듯 가볍게 읽기만 해도 당신은 그 힘의 흐름을 감지할 수 있게 된다. 그러기 위해서 무엇보다 당신에게 중요한 것은 활짝 열린 마음과 행복하면서 풍요로운 삶을 살고 싶다는 욕망을 지녀야 한다.

이 책의 특색을 살펴보면 다음과 같다.

첫째, 인생에 대한 문제나 욕구 불만에 대처하고 그것을 극복하기 위한 방법이 기술되어 있다.

둘째, 당신의 내부에 있는 무한한 힘을 사용할 수 있는 방법이 상세히 기술되어 있다.

셋째, 개개인의 실정에 알맞은 실용성이 있다.

넷째, 일상적인 용도에 즉시 활용할 수 있다.

다섯째, 이 책에서 이야기하고 있는 특별한 기술을 사용함에 따라 보다 풍요롭고
보다 멋진 인생을 살 수 있는 해답이 들어 있다.
여섯째, 성경 구절의 인용이 많다.

그러나 이것은 종교를 초월하여 이해를 돕기 위한 차원으로 사용된 것임
을 알아두기 바란다.

그러므로 이 책의 내용 중에서 어느 하나만 제대로 활용해도 당신의 능률,
당신의 월급, 당신의 명성은 눈부시게 높아질 것이다.
아무튼 이 책은 소망을 이루고자 살아 숨쉬는 이 땅의 모든 사람들이
한 번쯤은 반드시 읽어야 할 현대인의 필독서이다.

옮긴이

부富를 위한 마음의 법칙

모든 사람들에게 해당될 수 있게 매우 실용적으로 씌어진 이 책은 돈을 절실히 필요로 하는 사람들에게 효과적이다. 또한 끊임없이 풍족한 부富를 추구하려는 사람들에게는 마음 속에 잠긴 무한한 가능성을 깨닫게 할 것이다.

이제부터 이 책을 통해 그 과정을 밟아가면서 순간순간 간단한 기술을 응용하게 된다. 하지만 그 여러 가지 기술에 관해서는 세밀한 부분까지 명확한 해설을 덧붙여 다음에 이야기하겠다. 그것은 매우 간단히 응용할 수 있고, 또한 아주 자연스러운 방법으로 부를 얻을 수 있게 도와준다.

이 책에서 이야기하고 있는 기본적인 마음의 법칙은 에디슨이나 아인슈타인이 밝힌 전기의 원리나 수학의 법칙과 같다고 생각해도 좋다. 이 마음의 법칙을 응용한다면 결과는 그 법칙에 따라 확실히 나타나게 된다.

나는 이 책을 간단하면서도 알기 쉽도록 쓰는 데 대단히 신경을 썼다. 따라서 어린아이라도 내가 이야기하게 되는 기술을 이해하고 응용할 수가 있을 것이다.

이 책의 모든 이야기는 마음의 법칙을 사용하여 풍족하게 생활을 누리게 된 사람들의 실화이다.

또한 그들은 각각의 종교를 가지고 있다. 그리고 그들의 수입도 천차만별이며 사회적인 지위 또한 다양하다. 하지만 이들에게는 공통점이 있다. 그것은 대단히 중요한 사항으로 사물을 생각하는 것에 의해서, 또한 잠재의식의 힘을 올바른 방법으로 사용하는 것에 의해 그들의 재산을 축적했다는 사실이다.

이 책에서 가장 흥미 있는 점 몇 가지를 들어보겠다.

첫째, 한 세일즈맨이 1년 수입을 5천 달러에서 5만 달러로 증대시킨 방법.

둘째, 로스앤젤레스의 한 세일즈맨이 1백만 달러에 달하는 공식을 응용하여 실제로 수백만 달러의 체인점을 경영하게 된 이야기.

셋째, 허름한 집에 살던 한 목공이 하늘을 찌를 듯이 높이 솟은 고층 건물의 건축가가 되어 엄청난 부를 얻은 이야기.

넷째, 파산한 한 사나이가 세단뛰기처럼 도약적으로 부를 얻은 다음, 다시 비약을 거듭하여 여러 분야에서 부를 획득한 당당한 이야기.

다섯째, 풍족한 한 광부는 부의 관념을 어떻게 자식에게 인식시켰는가.

이 이야기에는 부에 이르는 열쇠가 있다.

여섯째, 오래 된 가르침을 응용하며 몇 억 달러의 회사를 차린 사람의 이야기. 그는 부를 축적하기 위해 성경에서 그 공식을 이끌어 내고, 그것이 진리임을 증명했다.

일곱째, 시인·소설가·화가·과학자, 그리고 기업에 종사하는 사람들이 자기 자신 속에 잠재해 있는 끝없는 보고로부터 부를 끄집어내는 데 성공한 방법.

여덟째, 마음의 법칙을 깨달은 다음, 당신은 눈에 보이는 부를 어떻게 자기의 것으로 할 수 있는가.

당신이 만약 풍족하지 않다면 행복하고 만족한 생활을 결코 영위할 수 없을 것이다.

여기에 풍족한 삶을 누리기 위한 과학적인 방법이 있다.

당신이 만약 성공과 행복과 번영이라는 달콤한 과일을 얻고 싶다면, 이 책에서 이야기하는 것을 정확하게 되풀이해 배우라. 그러면 당신의 앞날은 보다 아름답고, 보다 행복하고, 보다 풍족하고, 보다 고귀하고, 보다 웅장하고 큰 규모로 펼쳐질 것이다.

자, 그러면 이제부터 그와 같은 인생의 부를 구하기 위한 여행을 떠나는 것이다.

조셉 머피

Contents

부富를 소망하는 모든 사람들에게 4

부富를 위한 마음의 법칙 7

01   하나의 낱알은 수백 개로 번식한다 12

02   신념 속의 지식은 더 큰 배당을 지불한다 22

03   당신의 말은 바로 당신의 생각이다 35

04   상상력은 중요한 능력 가운데 하나이다 48

05   필요한 것은 무엇이든 얻을 수 있다 63

06   당신의 마음 속에 증가와 증대 관념을 심으라 76

07   당신의 인격이 당신의 인생을 지배한다 88

08   진실한 부富를 생각하라 104

09   잠재의식 속의 힘과 지혜를 발견하라 118

10   고마워하는 마음, 그 자체가 부富의 기도이다 129

11 당신 안의 보물 산을 계속 채굴하라 143

12 정적靜寂은 마음에 생기를 회복시켜 준다 158

13 당신의 유일한 고용주는 신神이다 169

14 가난한 마음은 결코 부를 얻지 못한다 183

부 록

01 당신의 사고와 마음가짐이 당신의 운명을 창조한다 196

02 고통과 고민을 이기는 마음의 법칙 216

03 자신을 가지고 성공의 신념을 확립하라 233

01

하나의 낱알은
수백 개로 번식한다

You infinite power to be rich

진정으로 부富를 얻은 사람들은 사고思考가 갖고 있는 창조력에 대해 알고 있는 사람들이며, 또한 풍부함과 번영에 대한 생각을 끊임없이 잠재의식에 새기는 이들이다.

그리고 그 잠재의식은 그들이 생각하는 사물을 그들의 경험의 세계로 객관화시킨다.

부를 얻은 사람들의 공통된 사고 방식은 현상으로부터 사물을 생각하려 하지 않는다는 점이다. 그것은 그들이 지속되는 창조적인 사고는 현상의 세계에 나타나려고 한다는 것을 알고 있기 때문이다.

또한 빈곤과 결핍의 상태에서 부에 대해 생각하는 경우 의식을 집중하여 생각하고, 그것을 유지하는 것이 필요하다.

그리고 단련이 되어 이 사고 방식을 그대로 실행하고 있는 사람은 필연적으로 부를 손 안에 넣을 수 있다.

성경에서는 이렇게 말하고 있다.

"무릇 있는 자는 받겠고 없는 자는 그 있는 것도 **빼앗기리라**."

〈누가복음〉 제19장 26절

이것을 바꾸어 말하면, 부유한 사람은 점점 더 부유해지고, 가난한 사람은 점점 더 가난해진다는 것이다. 모든 경험의 근원인 마음의 끝없는 부에 신경을 쓰면 사람은 점점 더 부유해진다.

땅에 떨어진 하나의 낟알은 마침내 수백 개의 씨로 번식하는 것처럼 당신의 부의 씨도 드디어 당신의 경험이 되고 엄청나게 늘어 그 모습을 나타낼 것이다.

편협한 사고로 부의 흐름을 막지 말라

최근에 어떤 부흥 산업을 경영하는 사나이가 나에게 이야기했다.

그는 돈을 비롯하여 모든 공급물은 한정되어 있으며, 특히 나라의 부는 재산이 넉넉한 몇몇 세력가들에 의해 점유되고 지배된다고 생각하고 있었다.

그런 생각은 곧잘 그를 분개시켰다. 그러던 어느 날 그는 자기의 사고 방식이 잘못되었음을 깨달았다. 그리고 자기의 편협한 사고 방식의 누적으로 자기에 대한 부의 흐름을 스스로 방해하고 있다는 것을 깨달았다.

나에게 보낸 그의 편지 일부를 소개하겠다.

친애하는 머피 박사님.

저는 선생님의 지시에 따랐습니다. 제 마음 속에 있는 경쟁 의식을 말살했습니다. 그리고 창조적인 방향으로 마음을 돌릴 것을 결심했습니다. 전 세계의 땅 속에는 헤아릴 수 없는 황금이 아직도 발견되지 않은 채 묻혀 있음을 깨달았습니다. 뿐만 아니라 다른 사람, 멀지 않아 과학자가 금을 비롯한 다른 금속을 인공적으로 만들어 낼 날이 올 것으로 생각합니다.

심한 에누리를 강요하거나 부당한 이익을 탐해서 다른 사람을 궁지에 빠뜨리거나 남의 무지에 편승해서 저 자신이 이득 얻는 것을 그만두었습니다. 뿐만 아니라 다른 사람의 부를 탐내는 것도 그만두었습니다. 다른 사람과 경쟁하는 것이 아니라, 다른 사람과 협력해서 일을 진전시키는 제작자가 된 것입니다.

저는 다음과 같은 기도를 3개월 동안 계속했습니다.

"끝없는 절대자여. 부는 내가 그것을 사용하는 것과 마찬가지 속도로 나한테로 흘러옵니다. 그리고 누구나 다 날로 부유해집니다."

이 새로운 태도가 저의 생활에 기적을 가져다 주었습니다. 이 3개월 동안의 수입은 3배로 불어났습니다.

부富를 가져다 주는 공식

정신 생활을 매우 중시하는, 큰 규모의 드러그스토어drugstore 체인점을 개업한 어떤 사업가.

그는 커다란 빌딩의 한 사무실에서 작은 약국을 연 것을 시작으로 결국 수천 명이나 되는 사람을 고용하는 억만 달러의 사업을 경영하게 되었다.

어느 날 그와 단둘이서 점심 식사를 같이했는데, 그는 자신의 지갑에서 작은 카드를 꺼내어 나에게 건네면서 이렇게 말했다.

"이것은 나의 백만 달러의 공식입니다. 이것을 25년 동안이나 사용해 왔죠. 이것을 상당히 많은 사람들에게 주었습니다. 그 중에는 실제로 백만 장자가 된 사람도 몇몇 있고, 거기까지는 미치지 못할지라도 필요한 만큼의 재산을 충분히 모아 자유로이 사용하면서 행복하게 사는 사람도 있습니다."

다음이 그에게 부를 가져다 준 공식이다.

"나는 결코 부족할 것이 없는 모든 부의 영원한 근원을 인정합니다. 그리고 모든 면에서 신으로부터 인도되고 모든 새로운 아이디어를 적용합니다. 무한한 예지는 사람들을 위해서 봉사하는 보다 좋은 방법을 끊임없이 나에게 보여 줍니다. 나는 다른 사람을 돕고, 다른 사람에게 은혜를 안겨 주는 선물을 세상에 보내도록 인도되고 있습니다. 총명하고, 성실하고, 신뢰할 수 있고, 재능이 풍부한 사람을 끌어들입니다. 그들은 모두 번영과 평화와 우리들 사업의 발전을 위해서 공헌합니다.

나는 최고 품질을 갖춘 제품과 최대 봉사를 제공함으로써 수백만의 부를 끌어들이는, 불가항력의 힘을 가진 자석입니다.

나는 끊임없이 부의 본질인 신과 조화합니다. 무한한 예지는 나의 모든 계획을 관리하기 때문에 나의 모든 성공은 내가 손을 대는 모든 일에 있어서 신이 나를 인도하고 다스린다는 진리에 의한다는 것을 확신합니다.

언제나 몸과 마음이 변함 없이 평화스럽습니다. 나는 신과 하나입니다. 신은 항상 성공합니다. 따라서 나도 성공할 것입니다. 그리고 나는 바야흐로 성공하려 하는 순간입니다.

나는 이 사업의 자세한 부분에 이르기까지 부족한 요소를 파악하고 있습니다. 내 주위의 사람들과 모든 사원들에게 사랑과 선의를 풍부하게 부여합니다. 나의 발전과 행복과 번영은 그들에 의해서 연결되고 있습니다.

신의 사랑과 힘으로 마음을 채웁니다. 나는 신을 찬양하고 존경합니다."

질투심은 부富를 비켜 가게 한다

어떤 부동산 세일즈맨이 말했다.

"아무리 노력해도 안 됩니다. 아침부터 밤늦게까지 부지런히 일하지만,

손님들은 내가 준비한 집이나 토지를 보기만 할 뿐 사지는 않아요. 다른 세일즈맨들은 매일 계약을 맺고 있는데 말입니다."

그의 장해는 마음 깊은 곳에 있었다. 그가 특히 신경을 써서 싸워 이겨야만 했던 해로운 감정은 질투였다. 질투가 그의 세일즈 성적을 떨어뜨리고, 경제적으로도 곤란을 겪는 원인이 되었다. 그는 곧 그 사실을 인정했지만, 다른 세일즈맨들이 많은 수수료를 받는 것을 알고는 상당히 질투하고 불쾌하게 생각하고 있었다.

그러나 나의 이야기를 들은 후 다른 사람을 질투하는 것이 나쁜 것이라는 것, 그 때문에 자신은 매우 부정적인 시각을 갖고 있었다는 것을 인정했다.

그가 질투심을 가지고 있는 한 부는 그를 비켜 갈 뿐이다. 이와 같은 감정의 상태를 치료할 수 있는 유일한 방법은 지금까지 그가 질투해 온 동료들의 행복과 번영을 비는 것이다.

그는 다음과 같은 기도를 음미하면서 자주 되풀이해 완전한 마음의 회복을 얻었다.

"수요와 공급의 완전한 법칙이 있다는 것을 알고 있습니다. 모든 업무에 이 황금률黃金律을 실천합니다. 나는 평화롭습니다. 무엇인가를 팔려고 하는 것, 그것은 모두 신적인 지성의 아이디어입니다. 내 안에는 모든 지혜의 원천이 있습니다. 내가 지금 필요로 하는 것이 무엇인지 압니다. 내가 팔려고 하는 것, 사려고 하는 것은 모두 내 안의 신적인 지성의 아이디어의 교환이라는 것을 인정합니다. 상호 만족과 조화와 평안이 유지되고 있습니다. 값은 알맞습니다. 사람들이 말하는 것도 옳습니다. 모든 것은 완전한 질서 속에 유지되고 있습니다. 진리를 알고 진리를 이해하고 있습니다. 나는 내 안에서 신이 활동하고 있는 것을 느끼고 있습니다. 내가 필요로 하는 모든 아이디어는 완전한 질서와 조화를 갖추고 내 안에서 행해집니다. 나는 그 모든 아이디어를 받아들여 기쁩니다. 그것을 나의 동료들에게 줍니다. 평화는 이제 나의 것입니다. 신적인 지성에 머무름은 없습니다. 나는 행복을 누리고 있습니다."

그에게 맞을 만한 완전한 정신적·경제적 변화를 일구어낸 이야기는 좀처럼 들을 수 없다. 그러나 그는 회사에서 최고 성적을 얻는 세일즈맨 중 한 사람이 되었다. 보다 친절하고, 고상하고, 동정심이 있는 사람이 되었다.

그의 친절과 따뜻함은 진실한 마음에서 우러나온 것이었다. 이윽고 부동산 거래가 그에게로 쇄도하기 시작했다. 그는 다른 사람의 행복을 기원한 것이 결국 자기에게 행복을 가져오게 된 것을 알고는 모든 열등감과 정면으로 맞서 싸워 이겼다.

경쟁보다 협력하는 정신

엔지니어인 내 친구는 회사의 직원들을 위해서 승진의 원리를 사용하고 있었다.

회합이 있을 때 그는 사원들에게 언제나 "회사의 발전을 전원이 나누어 짊어지자.", 또는 "부지런히 협조적으로 일하는 사람은 계속 승진시키겠다." 고 이야기했다.

"일은 사다리와 같다."라고 그는 말한다. 그런 다음, 그것은 부지런히 즐겁게 일하는 기개 있는 사람이 부를 향해 오르는 사다리이므로, 만약 오르지 않는다면 오르지 않은 사람의 책임이라고 말한다.

모든 직원은 때때로 회사의 발전된 상황을 듣게 되고, 매 분기마다 따로 회사의 이익이 모든 사원들에게 분배되었다. 친구의 회사는 몇 해 안 가서 직원을 전혀 바꾸는 일 없이 빠른 성장을 하여, 직원 모두가 하나되어 협력하는 회사가 되었다. 직원끼리의 경쟁보다도 협력하는 정신이 앞서 효과를 거둔 사례였다.

새로운 거래가 지금도 계속 형성되고 있으며, 새로운 지점도 개설되는 등 전국 곳곳에서 이 회사로 부가 몰리고 있다.

다른 사람의 번영과 성공을 축복해 주라

당신이 현재 경제적으로 어려운 상태에 있다면, 그 원인은 당신의 마음에 있다.

모든 자원과 무한한 부는 당신의 뜻대로 이용할 수 있는 상태에 있다. 그리고 그것들은 당신을 통해서 표현하려고 청하고, 원하고 있다.

많은 사람들은 부를 붙잡으려고 좇아가는 것 이외에 부를 내 것으로 만드는 방법이 없다는 생각에 사로잡혀 있다.

만약 다른 사람의 번영과 성공과 놀라운 부가 당신을 초조하게 하고, 당신에게 질투심을 일으키게 하거든 곧바로 그 사람들을 축복하라. 그리고 그들이 여러 방면에서 보다 성공하고, 보다 번영할 수 있게 기도하라. 그렇게 함으로써 당신은 당신 자신의 마음 상태를 고칠 수 있다.

그와 같은 방법으로 기도하고, 인생의 사다리를 높이 올라가는 사람들에 대해서, 또는 당신보다 분명히 풍족한 상황에 있는 사람들에 대해서 당신이 진정한 마음으로 축복해 줄 때 당신은 모든 것을 소유하고, 다른 사람에게 여러 가지 형태의 풍족함을 나누어 주고 있는 부유한 사람의 풍족한 마음 속으로 들어가게 된다. 바꾸어 말하면, 다른 사람을 축복하고 다른 사람의 번영을 바라는 것은 곧 당신 자신을 축복하고 번영시키는 것과 같다. 이것은, 부유한 사람은 점점 부유하게 되고, 가난한 사람은 점점 가난해지는 원리이다.

가난한 사람은 보통 질투가 많고 남을 미워하기 쉽다. 이런 부정적인 감정이 점점 돈 버는 길을 방해하게 된다. 풍족하지 않은 것은 운이 나쁜 것이 아니라, 오로지 자기 자신이 그것을 빼앗는 마음의 상태에 의한다.

정신의 은행에서 돈을 꺼내는 방법

어떤 세일즈맨이 새로운 일을 하게 되었다. 그 때문에 자동차가 필요했는데, 그에게는 자동차를 살 여유가 없었다. 그러나 그는 정신이라는 은행으로부터 돈을 꺼내는 방법을 알고 있었다.

그는 새로운 일을 하게 된 다음부터 집에 돌아오면 자기 방에 들어박혀 갖고 싶은 자동차 모델을 정하고, 그것을 마치 얻은 듯한 기분에 젖곤 했다. 그는 말했다.

"나는 그것이 이미 내 것이라고 확신했죠. 나는 핸들을 돌리는 감정을 맛보고, 핸들 커버를 손으로 만졌죠."

그러는 동안에 그는 같은 아파트에 사는 한 젊은이를 알게 되었다. 그는 유럽 여행을 떠나 6개월 동안 머무를 예정이라고 했다.

그는 세일즈맨에게 말했다.

"내가 돌아올 때까지 이 차를 사용하세요. 그 동안에 당신의 차를 살 수 있겠지요."

새로 알게 된 사람의 자동차는 그가 마음 속에 그리고 있었던 것과 똑같은 모델이었다.

6개월 동안이라는 기간이 정해져 있었지만, 그가 마음에 그리던 차를 사용하게 된 것이다. 그 젊은이가 유럽에서 돌아오기 훨씬 전에 세일즈맨은 자동차를 살 만한 충분한 돈을 저축하였다.

그 세일즈맨은 자기 안에 언제나 자유로이 부를 꺼낼 수 있는 은행이 있어서 공급은 끝나는 일 없이 무한함을 알고 있었던 것이다.

"너희 아버지께서 그 나라를 너희에게 주시기를 기뻐하시니라."

〈누가복음〉 제12장 32절

질투와 싸워 이기기 위한 기도문

모든 사람들은 나의 형제입니다. 우리들 모두는 공통의 아버지를 가지고 있습니다. 나는 모든 사람들에게 건강과 행복과 부유와 생명의 모든 은혜가 있기를 바랍니다. 나는 진심으로 그렇게 바랍니다. 내가 다른 사람에게 바라는 것은 나 자신에게 바라고 있는 것과 마찬가지이며, 다른 사람을 축복하는 것은 나를 축복하는 것과 마찬가지라는 사실을 알고 있습니다.

신의 사랑이 모든 인류를 위해서 나를 통해 흘러 나옵니다.

나는 나보다 풍족한 사람의 행복을 빕니다. 나를 비난하고 헐뜯는 사람의 행복도 빕니다. 그리고 나와 함께 일하는 모든 사람들이 성공하면 함께 기뻐합니다. 나는 마음의 창을 열고 하늘의 부를 불러들입니다. 하늘의 부가 모든 사람들의 마음 속에 넘치기를 빕니다. 하늘의 부에 감사를 드립니다.

20

요약

① 부유한 사람은 점점 더 부유하게 되고, 한층 더 높은 행복을 누리게 된다. 그것은 그들이 신의 무한한 부로써 마음을 채우고 있기 때문이다. 기쁨을 가지고 부를 기대하고, 그것을 받아들일 준비가 되었을 때 돈은 사방에서 당신에게로 흘러 온다.

② 경쟁 관념은 당신의 공급에 한계를 초래한다. 제작자가 되고 협찬자가 되라. 무엇이든 누구한테든 빼앗는 일 없이 바라는 모든 부를 손에 넣을 수 있다는 것을 알라. 공기가 없어지지 않는 것처럼 우주의 무한한 부도 없어지지 않는다.

③ 당신은 당신의 미래상이 향하는 곳에 이르게 된다. 당신이 달성하고 싶은 것을 마음에 그리라. 그리고 정성 들여 그것을 키우라, 그러면 그 그림은 현실로 된다.

④ 부를 막는 장애는 마음 속 깊은 곳에 있다. 다른 사람을 질투하는 것은 부의 흐름을 막을 뿐만 아니라 비참과 궁핍을 끌어들이는 원인이 된다.

⑤ 다른 사람의 행복을 넉넉한 기분으로 축복하라. 그것은 동시에 당신 자신을 축복하는 것을 뜻한다.

⑥ 당신의 비즈니스를, 모든 직원들을 부를 향해 오를 수 있는 사다리로 만들라. 그들을 풍족하게 함으로써 당신도 더 한층 풍족하게 된다.

⑦ 당신의 잠재의식은 은행이다. 무엇을 필요로 할 때, 예를 들어 당신에게 돈이 필요하다면 필요한 돈을 진실한 마음으로 간구하면 전혀 예기하지 못한 형태로 돈은 현실의 것이 된다.

⑧ 동료가 성공하는 것을 보고 기뻐하라. 모든 사람들의 마음에 하늘의 부가 넘쳐나기를 매일 간절히 기도하라.

"사람이 치부하여 그 집 영광이 더 할 때에 너는 두려워 말지어다"

〈시편〉 제49편 16절

02

신념 속의 지식은
더 큰 배당을 지불한다

You infinite power to be rich

해야 할 일을 평생 마음대로 하고, 여러 가지 장해를 극복하며 전진하고, 모든 어려움을 극복할 수 있는 무한한 지혜와 힘을 자신에게서 발견하는 것, 그것은 당신이 할 수 있는 가장 위대한 발전이다. 당신은 인생의 승리자가 될 수 있다.

그리고 당신은 당신 마음의 조종사, 당신 운명의 지배자로서 필요한 모든 자질이나 잠재적인 능력을 갖추고 있다.

당신이 만약 자기의 정신적인 힘에 대해서 알지 못한다면, 당신은 세상의 형편이나 사건에 휘말려 지배를 당할 것이다.

그 결과, 자기 자신은 곤란한 상황에 처하게 되든가, 아니면 차츰 자기를 과소 평가하게 된다.

다시 말하면, 행복·건강·자유·삶에 대한 기쁨 등에 이르는 길로 당신을 끌어올려 힘써 나아가게 하는 강력한 힘이 당신 속에 있다는 것을 자각하지 못하면, 그 지식이 결핍되어 있기 때문에 환경의 힘에 밀려나 자기 자신이 지는 것이다.

어느 그리스 여성의 꿈과 기도에 대한 응답

내가 그리스의 아테네에서 가까운 델포이의 한 신전을 찾아갔을 때의 일이다.

나는 안내자와 많은 이야기를 했다. 그녀는 영어·독일어·프랑스어를 자유 자재로 구사했다.

여행자 중의 한 부인이 그녀의 훌륭한 어학 실력에 매료되어, 뒤이어 예정되어 있는 프랑스와 독일 여행도 안내해 달라고 부탁했다.

그리고 자기의 세 아이의 가정 교사도 맡아 달라고 부탁했다. 따라서 안내자는 여행 일정이 모두 끝나면 뉴욕으로 가기로 되어 있었다. 조건은 월 4백 달러의 급료 외에 숙식이 제공된다.

그녀는 현재 자신의 보수는 하루에 1백 드라크마약 3달러라 했다. 사실 그녀의 꿈은 이미 오래 전부터 미국에 가는 것이었으며, 그 곳에 가서도 이와 같은 일을 하고 싶어했다.

마침내 그녀의 꿈은 이루어지게 되었다.

한 가지 재미있는 것은 이 젊은 여성은 오랫동안 미국으로 가는 경비를 만들기 위해서 많은 노력을 기울였으며, 보다 많은 돈이 필요하다고 매일 제단을 향해서 열렬히 기도를 하고 있었다는 것이다.

의심할 것도 없이 그녀의 맹목적인 신앙과 신념이 그녀의 잠재의식을 움직이게 되었고, 이 각별한 대답이 그녀에게 주어진 것이었다.

파라셀수스A. P. Paracelsus : 1493~1541. 스위스의 의학자·화학자는 말했다.

"당신이 믿는 목적이 선악의 그 어느 쪽이든, 마침내 당신은 믿는 것과 똑같은 것을 얻게 된다."

판매고가 3년 연속 1위인 세일즈맨의 비결

그리스·독일·영국·아일랜드 등을 여행할 때, 나는 그들 나라에서 며칠씩 휴식을 취했다.

아일랜드에 갔을 때의 일이다.

코크라는 도시에서 나는 젊은 포도주 세일즈맨과 그의 매력적인 아내와 함께 저녁 식사를 했다.

24세 된 이 젊은 세일즈맨은 그전부터 회사 안에서 첫째 가는 세일즈맨이 되어야겠다는 야심을 가지고 있었는데, 그것이 드디어 실현되었다고 내게 이야기했다.

더블린에 있는 본사 표창식에서 성적이 새겨진 금시계를 선물로 받았으며, 그와 동시에 봉급도 대폭 올랐다. 그의 성적은 3년 연속 최고였다.

이 청년은 매일 밤 잠자기 전에 마음 속으로 다음과 같이 되풀이했다고 한다.

"나는 회사에서 첫째 가는 세일즈맨이다. 그러므로 풍족하게 보수를 받고 있다."

그런 다음에 그는 마음 속으로 아내가 자신의 놀라운 성적을 축하해 주는 장면을 상상하고는 깊은 잠에 빠졌다.

그는 내가 쓴 책인 《잠자면서 성공한다》의 열렬한 애독자이기도 하지만, 무엇보다도 내 책이 그의 인생을 바꾸게 한 것이 기뻤다.

이 청년은 동료들과 경쟁하는 것에 심혈을 기울이지는 않았다.

그는 자기가 회사에서 첫째 가는 세일즈맨이라는 사고를 잠재의식에 심어 놓는 데 애썼으며, 그로 인해 성공하게 된 것이다.

따라서 그의 심중의 마음—그것은 항상 감응을 나타낸다—이 그 자체의 독창적이고 유례 없는 방법을 짜낸 것이었다.

미국으로 가게 된 소녀의 기원

그리스의 아폴로 신전에 갔을 때 그리스인인 듯한 소녀가 갖고 있는 한 권의 책이 눈에 띄었다.

어느 곳에서인가 본 듯한 책이었는데 자세히 보니 놀랍게도 내가 쓴《인생에 기적을 일으킨다 The Miracle of mind Dynamics》라는 바로 그 책이었다.

나는 신들에 관해서 그녀에게 말했다. 그러자 그녀는 갖가지 질문의 화살을 내게 퍼부어댔다.

그녀가 품고 있었던 문제는 다음과 같은 것이었다.

자신은 미국으로 이민 갈 것을 희망하고 있는데, 아테네에 있는 미국 대사관에서는 이민을 가려고 기다리는 사람이 너무 많기 때문에 자신의 차례가 돌아오기까지는 앞으로 몇 년이 걸릴는지 모른다는 것이었다.

그녀는 나에게 말했다.

"이 책에 씌어 있는 기술을 나는 오랫동안 실천하고 있어요. 그 덕분에 나의 기도는 지금까지 모두 이루어졌어요. 그러나 미국으로 가는 것만은 아직도 잘 안 되는군요."

그녀는 반복적으로 다음의 내용을 긍정하고 있었다.

"무한한 지성은 하늘의 운을 받고, 내가 미국으로 갈 수 있는 길을 열어 준다. 사람들이 그런 방법은 없다고 말해도 신은 '있다'고 말한다. 나는 '있다'는 신의 말씀을 믿는다."

나는 뉴욕에 살고 있는 나의 오랜 친구인 여변호사에게 편지를 썼다.

편지에 그리스의 이 소녀에 관해서, 뉴욕에서 오랫동안 장사를 하고 있는 소녀의 언니가 병에 걸렸기 때문에 소녀의 언니가 하던 일과 소녀의 언니를 돌봐줄 사람을 필요로 하고 있다고 설명했다.

이 변호사는 즉각 내 뜻을 받아들여, 그리스에 있는 나의 열렬한 소녀 애독자에게 미국에 입국하는 데 필요한 모든 법적 절차에 관해서 자세히 알려 주었다.

내가 마침 이 장의 첫부분을 쓰고 있을 때 아테네의 그 소녀에게서 편지가 왔다.

　　머피 선생님을 만나뵌 것은 결코 우연이 아니었습니다. 사제복을 입고 있는 당신을 뵙는 순간, 그리고 저에게 말을 걸어 왔을 때 당신이 미국에서 온 성직자라는 것을 알았습니다. 또한 왠지 모르게 당신이 저한테 말을 걸어 올 것 같은 예감이 들었습니다. 하여간 당신은 저를 위해 얻기 어려운 대답을 가지고 오셨습니다.

내가 소녀를 위해서 한 일은 단순히 잠재의식의 예지가 그녀의 소원에 대답할 수 있도록 사다리 역할을 해 준 것뿐이었다.

소녀는 자기의 딜레마에서 빠져나오는 방법을 결코 묻지도 동요하지도 않고 있었다. 쉽게 단념하지 않으면서 오로지 대답을 기다리는 인내심 강한 소녀의 태도가 당연한 결과를 얻어낸 것이었다.

미국으로 향하는 비행기 안에서 스튜어디스가 소녀에게 《인생에 기적을 일으킨다》의 영어판을 한 권 주면서 말했다.

"이 책은 너의 영어가 늘도록 도움을 줄 거야. 만일 이 책으로 공부를 한다면 굉장히 빨리 영어가 늘고 있음을 알게 될 거야."

잠재의식의 힘을 표현하는 방법과 수단은 매우 신비스럽기 때문에 때로는 사람을 황홀하게 매료시키고, 마음을 빼앗아 버린다.

신비한 일이 끊임없이 일어나는 것을, 또한 신은 실패하는 일이 없다는 것을 당신도 생각해 보라.

새 관념으로 출판 계약을 맺은 여배우

런던의 캑스턴 홀에서 나는 놀랄 만한 사랑의 법칙에 관해서 이야기한 적이 있다. 그 강연이 끝난 뒤 한 여배우와 이야기를 나누었다. 그녀는 현대 연극계가 품위가 떨어져 죽고 싶을 만큼 환멸을 느낀 끝에 무대를 떠나게 되었다고 말했다.

그리고 이렇게 덧붙였다.

"지금 나는 실패한 과거를 뒤돌아보고 있는데, 들려주고 싶은 이야기가 있습니다. 오랫동안 나는 자기 자신의 가치를 깨닫지 못했습니다. 따라서 그 동안에 내가 쓴 새 책에 관해서 출판사가 자기들 입장에서 함부로 말을 하기 때문에 대단히 화를 낸 적이 있습니다. 내일 출판사에 갑니다. 그 곳에 가서 정열이 공포나 증오나 분노 등을 내쫓아 버린다는 것을 증명하고 싶습니다."

나는 런던에서 꼭 1주일 머물렀다. 떠나기 전에 이 여배우는 내가 묵고 있는 호텔로 전화를 걸어왔다.

목소리는 매우 경쾌하고 기쁨에 차 있었다.

"오늘 계약서에 서명했습니다. 어젯밤 두 시간이나 큰 소리로 신의 사랑이 나의 영혼에 가득 차 있다고 계속 말했습니다. 그리고 사람들에 대한 사랑과 선의에 찬 넉넉한 기분으로 잠들었습니다."

이 여배우는 사랑의 의의에 관한 새로운 생각을 몸에 익혀 그 중요함을 자각했다. 따라서 신의 사랑이 적당히 어울리지 않으면 사랑을 없앤다는 사실을 알았다.

또한 그녀는 자신에 관해 떠돌고 있는 참을 수 없는 낭설도, 자신의 사고 방식이 거기에 영향을 받지 않으면 그것은 아무 소용이 없다는 것을 나의 강의를 통해서 깨달았던 것이다.

그녀는 자기에 관한 어리석은 웃음거리를 만들어 낸 사람들을 미워하는 대신에 오히려 그들을 축복해 주게 되었다.

마음이 연주하는 것에 귀 기울이라

독일 뮌헨의 한 청년에게 마음의 법칙에 관해서 이야기했을 때의 일이다.

나를 초청해 준 청년의 직업은 알핀스키 교사였다. 그의 수많은 알프스 등산 중 한번은 갑자기 불어닥친 눈사태로 한 학생—그의 약혼자—이 행방 불명되었는데, 끝내 그 학생은 차디찬 시체로 변해 있었다.

그는 재판에 회부되고, 두 번에 걸친 재판은 그를 유죄로 판결했다. 그러나 세 번째의 재판에서 모든 죄가 면제되었다.

그럼에도 불구하고 그는 죄의식에 사로잡혀 심한 양심의 가책으로 괴로

위하고 있었다. 이에 또다시 지방 신문의 고발적인 주장에 고통은 더욱 가중되었다.

나는 그 청년에게 일행이 알프스 등산 때 고의로 주의 사항을 따르지 않았던 점에 대해 책임을 져야 할 필요는 없다고 이야기했다.

뿐만 아니라 어떤 사람은 죽음을 고집하는 듯한 생각을 품고 있거나, 또는 막연하게나마 죽음에 대한 동경을 가지고 있으면 자신들의 파멸을 초래하는 무모하고 기발한 행동을 무의식 중에 해 버리는 경우가 있다고 덧붙였다.

자기를 싫어하고 자기를 미워하면 술에 빠지거나, 수면제를 다량으로 먹거나, 또는 마약에 중독되기도 하는데, 그 청년도 술에 중독되어 있었다.

나의 이야기를 들은 그 청년은 지금까지 불필요하게 자기를 학대하고 있었음을 인식하고, 앞으로는 죽은 애인의 명복을 빌고, 그녀를 신에게 맡기고 싶어했다. 그것은 동시에 자신을 자유로이 하는 일이기도 했다.

나는 그에게, 이 세상에 살고 있는 우리들 모두는 부모와 형제, 사랑하는 사람과 영원히 함께 하는 것은 불가능하다고 이야기해 주었다.

즉, 누구에게 현재의 상황이 변한다는 사실은 피할 수 없는 일이다. 이것이 우주의 법칙이며, 모든 사람들에게 정해진 규칙이다. 따라서 우리들은 마음이 연주演奏하고, 떠들고, 속삭이는 것에 귀를 기울여 누구나 이 세상으로부터 마침내 다음 세상으로 옮겨 가도록 되어 있다는 것, 그리고 그것은 신이 정해 준 규칙임을 알아야 한다.

죽은 애인에게 병적으로 사로잡혀 있거나, 그 때문에 의기 소침한 생각을 하는 것은 잘못된 일이다. 그것은 부정적인 태도이기 때문이다.

우리들은 죽은 사람을 사랑하기 때문에 축복해 주고, 그의 여행이 순조롭고, 상승하여 하늘에 이르는 것임을 알고 신에게 모든 것을 맡겨야 한다.

문득 죽은 사람 생각이 나면, 신의 사랑이 그의 영혼을 채워 주고 있다는 생각을 해야 된다.

이와 같은 이야기를 끝냈을 때 청년의 눈동자는 매우 반짝였으며, 내게 이렇게 말했다.

"무거운 마음의 짐이 덜어졌습니다. 이제는 자유스럽고 마음도 넉넉해졌습니다."

언제나 아이디어와 함께 살라

콜린트에서 가까운 아스레피오스 신전을 찾아갔을 때, 나는 안내자의 설명을 멍청히 듣고만 있었다.

그것은 이 신전이 고대 그리스의 순례지였다는 것, 또한 어떻게 해서 순례자들이 갖가지 병을 고쳤는가에 관한 이야기였다.

안내자는 신전에 오면 낫는다는 순례자들의 강한 의지와 산뜻한 상상과 맹목적인 신앙에 의해서, 순례자들 대부분의 병이 신전에 오기 전에 이미 나았다는 사실을 길게 늘어 놓았다.

오래 된 기록에 따르면, 신전의 사제들은 먼저 아픈 사람에게 약을 준 다음 환자를 깊은 최면 상태에 놓이게 했다. 그 사이에 환자 개개인에 대하여 "신이 당신에게 와서 당신의 병을 고칠 것이다."라고 암시를 주었다는 것이다.

고고학 연구에 의하면, 의심할 나위 없이 잠재의식의 힘이 작용하여 실제로 많은 병이 놀랄 만큼 빠른 회복을 보이고 있음을 보여 주고 있다.

고대에 사용된 병을 고치기 위한 기술에 관해서 안내자와 이야기를 나누고 있는 동안 나는 그녀가 잠재의식의 작용에 관해서 완벽하게 이해하고 있음을 알았다.

그녀는 말했다.

"물론입니다, 머피 선생님. 신전 안에서 순례자들이 잠들고 있는 동안에 일어난 모든 치유는 개개인의 질병이 어떤 것이라 하더라도 자기들은 반드시 낫는다는 강한 신념 때문에 가져온 결과일 뿐이에요. 그런데도 그들은 그들의 신앙에 의해서 병이 나았다는 것이에요, 그 열렬한 신앙이 잠재의식의 치유의 힘을 작용하게 한 것인데, 그들은 당시의 신의 하나인 아스크레피오스의 힘이라고 생각하고 있었어요."

이 젊은 안내자는 마음 속에 놀라운 부를 가지고 있었다. 그녀의 아버지는 영국인이었고 어머니는 그리스인이었기 때문에 두 나라 말을 자유스럽게 사용할 수 있었다. 그러나 그녀의 유년 시대는 어두웠다.

그녀는 아테네의 빈민가에서 태어나 학교에 입학할 나이가 되었는데도 부모는 딸에게 적당한 옷을 사 입힐 여유가 없었기 때문에 학교에 보낼 수가 없었다. 그녀는 신에게 그 절망적인 상황에서 하루 빨리 벗어날 수 있는 좋은 방법을 가르쳐 주었으면 좋겠다고 기도했다.

그러던 어느 날 마침내 기회가 주어졌다. 그것은 그녀가 미국 아이에게 그리스어를 가르치는 일이었다.

마침내 그녀는 어떤 석유회사의 중역 부인과 만나게 되었다. 그리고 그 부인에게, 당신 밑에서 일하고 싶다고 말했다. 그 부인은 "그건 놀라운 아이디어예요."라고 말하고 즉각 높은 급료를 지불할 것을 약속했다.

뒤에 이 부인은 모든 비용을 자기가 부담하면서 그녀를 미국을 비롯하여 그 밖의 다른 나라에 관광차 데려 갔다.

오늘날 이 젊은 안내자는 이미 풍부한 개인 소유의 재산을 모았다. 그런데도 아직까지도 고대 그리스의 역사를 여행자에게 말해 주는 것을 더할 나위 없이 사랑하고 있으며, 당당한 신전, 중세의 성, 그림 같은 섬들, 고대의 종교의 갖가지 유적遺跡에 대해 계속 이야기해 주고 있다.

그녀는 아이디어가 떠오르면 가볍게 다루지 않고, 즉각 그것을 받아들였다. 그래서 그러한 아이디어가 우리들 인생의 지배자이며, 우리의 운명을 좌우하는 큰 권한을 갖고 있다는 것을 몸소 증명했다.

언제나 아이디어와 함께 살라. "그렇다면 이야기를 너무 잘 한다." 는 식으로 말해서는 안 된다. 그렇게 말하는 대신에, 이렇게 말하라.

"이건 좋은 아이디어야! 정말 놀라워. 반드시 실현시킬 거야."

당신의 사상과 감정이 당신의 운명을 결정한다

그리스의 유명한 한 수도원의 원장과 흥미 있는 이야기를 나누었다. 성경 중에서 가장 힘차다고 생각하는 말은 "당신 안에 있는 힘이야말로 세상의 어떠한 것보다도 위대하다."는 구절이라고 말했다.

그리고 잠시 후 말을 덧붙였다.

"나의 가장 깊은 곳에 신의 예지와 힘으로 통하는 것이 있다는 사실을 스스로 깨닫는 것은 자기 자신에게 자신감·신념·확신을 주죠. 나 자신의 문제를 어떻게 해결해야 하는가를 진지하게 생각하고 광명과 판단력을 구할 때, 새로운 통찰과 아이디어가 자기 안에 끓어오르는 것은 마음의 암흑을 비추는 신의 빛이라고 생각해요."

이 수도원 원장은 생명의 비밀과 생명에 풍족함을 부여해 주는 근원을 알고 있었다. 그는 나와 헤어질 때 이렇게 말했다.

"실재성이란 이 현상의 세계에 나타나 있는 것이 아니라 우리들이 내적으로 느끼고, 생각하고, 상상하고, 그리고 믿는 것 바로 그것이죠."

그가 말한 것은 모두 마음을 연구하는 사람들이 알고 있는 것으로 우리들의 외부에서가 아니라 내부에 있는 영원한 인과율을 말해 주는 것이었다.

기억하라. 창조주는 피조물보다도 위대하다. 생각하는 사람은 생각되어지는 사람보다도 위대하다. 돌·말뚝 등과 같이 외적으로 나타나 있는 것에 힘을 갖게 해서는 안 된다.

마음 속의 창조력이야말로 당신의 사상과 감정과 충성스러운 절의를 다하여 믿도록 하라. 당신의 사상과 감정이 당신의 운명을 결정한다

"믿음을 바라는 것들의 실상이요, 보이지 않는 것들의 증거이니⋯⋯."

〈히브리서〉 제11장 1절

요약

① 당신에게는 인생의 모든 문제와 장애와 곤란과 싸워 이길 수 있는 보이지 않는 힘이 갖추어져 있다.

② 지식은 풍부한 배당을 지불한다. 예를 들어, 외국어 지식은 부와 여행과 가슴을 두근거리게 하는 여러 가지 모험의 길을 열어 준다.

③ 당신 마음 속의 미래상과 자기 평가는 당신의 잠재의식에 작용한다. 그 결과 당신은 자신이 되고 싶은 미래의 모습을 상상하고 있는 그대로 실제로 그렇게 된다.

④ 지식은 닫혀져 있는 문을 연다. 다른 사람이 "이젠 틀렸어."라고 할 때 당신 속의 무한한 예지는 나나 네 앞에 아무도 닫을 수 없는 문을 열어 두었다<요한 계시록> 제3장 8절 라고 한다. 이 내적인 인도를 신뢰하라. 그러면 당신의 기도에 따라서 신기한 일이 일어난다.

⑤ 당신 자신을 재평가하여 새롭고 눈부신 자기를 확립하라. 당신의 새로운 확립은 새로운 계기와 승진과 한없는 부를 당신에게 안겨 줄 것이다.

⑥ 당신은 다른 사람의 행동에 책임을 질 필요가 없다. 당신이 다른 사람에게 지고 있는 것이라면 그것은 사랑과 선의뿐이다.

⑦ 당신의 희망이나 기도에 대한 대답으로서 새로운 아이디어가 떠올랐을 때에는 그것을 기쁘게 받아들이라. 그리고 언제나 아이디어와 함께 생활하라. 새로운 아이디어가 당신의 인생에 부를 가져다 준다는 확신을 갖고 몸소 이것을 증명하라.

⑧ 가는 곳이 가로막혀 헤어나기 어려운 정신적 딜레마에 빠졌을 때에는 새로운 광명을 찾고 새롭게 판단을 하라. 창조주는 피조물보다도 위대하다. 이것은 깊이 음미해야 한다. 그러면 새로운 발상이 생기고, 모든 문제를 똑바로 볼 수 있게 된다. 기억하라. 이해·통찰·성의·새로운 아이디어 등이 모든 암흑을 비추어 그 광명을 당신 안에 지속적으로 비추라. 그러면 빈곤의 그림자는 당신으로부터 사라질 것이다.

03

당신의 말은
바로 당신의 생각이다
You infinite power to be rich

당신은 지금까지 말이 가진 놀라울 만한 힘에 관해서 생각해 본 적이 있는가? 사고하는 것은 이야기하는 것이다. 당신의 생각은 곧 당신의 말이다. 성경에서는 다음과 같이 말하고 있다.

"경우에 합당한 말은 아로새긴 은쟁반의 금사과니라."

〈잠언〉 제25장 11절

"선한 말은 꿀송이 같아서 마음에 달고 뼈에 양약이 되느니라."

〈잠언〉 제16장 24절

당신의 말은 달콤하게 울리는가? 당신이 만약 '이젠 어떻게 해도 안 돼, 도저히 불가능한 일이야. 지금은 너무 늦었어'라든가 '돈이 없으니까 안 돼. 해 보았으나 헛일이었어'라고 한다면 그것들은 벌꿀의 달콤한 것 따위와는 너무나 동떨어진 것이다.

그러한 것은 비건설적이다. 당신을 끌어올리거나, 격려하는 것이 결코 아니다. 뿐만 아니라 당신이 한 말은 곧 현실로 나타난다.

당신이 이야기하는 말은 영혼에는 기쁨을, 몸에는 건강을 가져다 주는 것이어야만 한다. 즉, 당신이 하는 말은 당신의 기상을 높여 주고, 당신을 벌떡 일어나게 하고, 행복하게 하는 것이어야만 한다. 또한 당신을 지탱해 주고, 강하게 해 주는 것이어야만 한다.

이제 결단을 내려 다음과 같은 말을 분명히 자각하면서 말하라.

"이 순간부터 사용하는 말은 나와 모든 사람들을 치유하고, 축복하고, 고무하고, 번영시킨다."

당신의 말이 문자 그대로 강해진다면 다음에는 올바른 때에 올바른 것을 말하는 것이 중요하다.

다시 말하면 모든 경우에 있어서 당신의 말은 '영혼을 달콤하게 하고, 몸에는 건강을 가져다 주는 것'이 되도록 유의하라. 그리고 어떻게 하면 당신과 관계 있는 모든 사람들을 축복하고, 고무하고, 번영시킬 수 있는가에 대해서 생각하기 시작하라.

말의 힘은 핵폭탄보다 강하다

말의 힘은 핵폭탄보다도 강하다고 할 수 있다. 왜냐 하면 말은 병기兵器를 사용해야 하는가 말아야 하는가를 지시하기 때문이다.

말은 대양을 오가는 배의 동력에 원자력을 쓸 것을 명령하는 데에 사용된다. 또는 원자력을 사용해서 도시나 국가를 황폐하게 만드는 명령에도 사용된다.

"지혜로운 자의 혀는 양약 같으니라"

〈잠언〉 제12장 18절

"죽고 사는 것이 혀의 권세에 달렸나니"

〈잠언〉 제18장 21절

여기에 권위 있는 말을 사용하는 열쇠가 있다.

나는 이러한 것을 심장병으로 병원에 입원하고 있는 사나이에게 이야기 했다.

그는 대부분의 시간 동안 자기 자신에게 이렇게 들려주기 시작했다.

"나는 건강하다. 신은 나의 건강이다."

얼마 후 그의 주치의는 말끔하게 회복된 그의 상태를 보고 매우 놀랐다. 새로운 심전도를 검사해 보았으나 어떤 이상도 발견할 수 없었다.

그가 권위와 확신을 가지고 사용한 말은 잠재의식에 도달했다. 그리고 그 대답이 그의 몸의 회복이었다.

그는 나에게 이렇게 말했다.

"건강은 부입니다. 이제는 나를 기다리고 있는 가정이나 일에 돌아갈 수 가 있습니다. 이것으로 아이의 교육도 마치게 할 수 있습니다."

부란 올바른 말을 적절히 사용한 결과이다

언젠가 내가 면담한 적이 있는 어떤 사업가의 이야기이다. 그의 번영과 성공의 열쇠는 다음에 적은 성경의 한 구절 구석에 있는 진리를 끊임없이 자각한 것에 있었다.

"내가 너희에게 이른 말이 영이요, 생명이라"

〈요한복음〉 제6장 63절

그는 이렇게 말했다.

"나의 부와 행복은 나의 말과 행위에 의해 나타난 것입니다. 나는 그 말에 깊은 감정영혼을 불어넣었습니다. 나의 그 감정은 말의 구석에 숨은 참된 것의 증거였습니다. 그리고 그것이 말에다 창조적 실체를 부여한 것입니다."

그는 그 세계에서 큰 것을 이루고, 부란 올바른 말을 적절히 사용한 결과라는 것을 스스로 증명했다.

단호히 결정한 것은 반드시 손에 들어온다

부동산업을 하는 사람이 잠재의식에 명령을 내려 목적을 달성하는 비결에 관해서 나에게 이야기해 주었다.

그 명령은 이렇다.

"나의 말은 나의 비즈니스 및 나와 관계를 가진 모든 사람들에게 생명의 불을 붙게 하고, 그들에게 활기를 주고, 그들을 번영으로 이끌고, 그들에게 만족을 준다."

그의 비즈니스는 점점 번창해 갔다.

이 사람은 크게 이름을 떨쳐 대단한 성공을 거두고 있다. 그는 "단호히 결정한 것은 반드시 손에 들어온다"고 확신하고 있다. 그것은 성경이 다음과 같이 약속하고 있는 것과 같은 뜻이다.

"네가 무엇을 경영하면 이루어질 것이요, 네 길에 빛이 비치리라."

〈욥기〉 제22장 28절

힘있는 말은 살이 되어 나타난다

언젠가 나는 경제적인 어려움으로 몹시 괴로워하고 있던 사나이를 도운 일이 있다. 그 사나이는 언제나 이렇게 말하였다.

"만약 얼마라도 자금이 손에 들어오면 나는 다시 일어설 수 있는데……."

나는 그에게 말했다.

"자기가 내뱉는 무익한 한 마디 한 마디에 책임을 지지 않으면 안 되며, 잠재의식은 농담을 이해할 수 없어 결정된 사실을 문자 그대로 받아들여 버립니다."

그의 양손은 끊임없이 신경질적으로 떨고, 입에 담는 말은 회의와 염려를 나타내고, 재정 상태는 회전목마와 같이 철그덩철그덩 돌아갈 뿐이었다.

그는 활기 있는 말의 변환력變換力을 사용하기 시작했다. 얼마 후 그 힘있는 말은 살이 되어 나타났다. 그 이후 자주 다음과 같이 선언했다.

"나는 부와 성공을 얻는다. 이렇게 결정한다. 이 말은 나의 잠재의식 밑으로 가라앉는다. 왜냐 하면 나는 이 말의 의의를 깊이 알고 참된 기분으로 선언하기 때문이다. 나는 경제적으로 보증된다. 필요한 모든 돈이 손 안에 들어온다. 그리고 고마워한다."

얼마 후 그를 둘러싼 조류가 달라졌다. 경제적으로는 윤택해지고, 떨고 있던 손도 떨지 않게 되었다.

"말씀이 육신이 되어 우리 가운데 거하시매……."

〈요한복음〉 제1장 14절

말의 힘으로 사람을 황홀하게 하라

그리스도가 나사로의 무덤에서 기적을 행했을 때 큰 소리로 이렇게 명령했다.

"나사로야 나오라!"

〈요한복음〉 제11장 43절

되살아난 사나이는 무덤에서 나와 그의 누이나 친구, 그리고 권위를 가지고 부른 그리스도에게 인사를 했다. 〈마태복음〉 제7장 29절에도 '그리스도는 권세 있는 분으로 불리셨다'는 대목이 있다.

당신의 말의 힘으로 사람을 매료하고 황홀하게 하라, 결핍·한계·불화·부조不調에 관계되는 말은 결코 사용해서는 안 된다.

명령하는 말은 바꾸어 새로운 육체와 새로운 환경과 정신적·물질적 부를 쌓아 올리라.

"부여 오라. 건강이여 오라. 성공이여 오라." 하고 대담하게 명령하라. 그러면 당신은 기쁨을 경험할 것이다.

언제나 모든 것을 말로써 축복하라

'인생은 생각하는 대로 바꿀 수 있다'는 나의 성공 교실에 참석한 사람들에게도 말의 힘에 관해 이야기를 했다. 그 때 나는 그들에게 무엇인가 분명한 자기의 마음에 호소하는 말을 정해 두고 하루에 적어도 두 번, 각 10분 이상 소리를 내어 자기에게 말할 것을 권했다.

사무실에서 일하는 사람은 언제나 소리를 내어 긍정할 수 없기 때문에, 그와 같은 경우는 실현시키고 싶은 일을 종이에 쓸 것을 권했다.

그리고 마음 속에서 그것을 되풀이하는 것이다. 그러면 차츰 그 생각이 잠재의식으로 가라앉는다.

보험 회사에 근무하는 사람이 있었다. 그는 대담하게도 이렇게 확신했다.

"나는 나의 아이와 나의 미래 생활 보증을 위해서 투자하는 돈과 그것에 흥미가 있는 사람만 끌어들인다."

이 말을 마음 속에 되풀이함으로써, 그는 그전보다 보험에 지대한 흥미를 가진 사람들을 만나게 되었다. 그리고 그 사람들을 차례차례로 만나는 동안 그의 생활 규모는 대단한 것이 되었다.

말의 힘은 신이 사람에게 준 가장 위대한 선물의 하나이다. 동물은 사람처럼 말하거나 웃을 수 없다.

당신은 말을 축복하기 위해서, 저주하기 위해서, 병을 고치기 위해서, 또한 부를 만들기 위해서, 손해를 받고 빈곤을 초래하기 위해서도 사용할 수 있다.

당신을 포함한 사람들의 이익에 반해서 말의 힘을 사용하는 것을 그만두고, 언제나 모든 것을 축복하라. 그러면 당신은 삶을 통해서 엉겅퀴 꽃 대신에 난 꽃을 모을 수 있게 될 것이다.

유산 상속의 문제를 해결한 말

나의 오랜 여자 친구가 현재 샌프란시스코에 살고 있는데, 언젠가 나에게 전화를 해 왔다. 한창 검증을 받고 있는 아버지의 유언에 자기가 포함되어 있지 않고, 재산은 자신의 다른 가족, 즉 자신의 형제 자매들끼리만 나누어 갖도록 되어 있다는 것이다.

나의 근무처에서 그녀는 한 변호사와 상담을 했다. 그리고 그녀는 하루에 서너 번, 각각 15분씩 다음과 같은 말을 긍정했다.

"그 재산에는 신적이고 협조적인 조정을 가져다 주게 된다. 그리고 그것은 신적인 공정을 갖고 행해지고, 누구나가 만족한다. 나는 그들을 축복하고 그들도 나를 축복한다. 그래서 행복한 결말을 맞이한다."

약 1주일 후 변호사는 그녀에게 전화를 걸어 가족들이 유언 때문에 더이상 여동생과 싸우고 싶지 않다는 말과 여동생이 신앙이 다른 사람과 결혼했다는 이유로 아버지가 여동생을 차별한 것은 옳지 않은 생각이라는 것을 전했다.

그들은 자기 여동생이 누구와 결혼을 하든 그것은 아버지가 관여할 일은 아니라고 말하고, 여동생에게도 재산이 똑같이 분배되는 것에 동의했다는 것이다.

그 후 수속상의 협조적인 조정이 행해지고, 각자에게 동등한 재산이 나누어졌다.

말이 가진 치유력

"말은 인류가 사용하고 있는 가장 강력한 약이다."라고 라드야드 키플링 R. Kipling : 1865~1936. 영국의 작가·시인이 말했다.

성경에서는 말하고 있다.

"저가 그 말씀을 보내어 저희를 고치사 위경에서 건지시는도다."

〈시편〉 제107편 20절

우리들은 누구나 자기 자신이나 다른 사람에게 말이 가진 치유력을 행사할 수 있다. 빠른 효과를 얻을 수 없는 경우는 우리들의 신앙심과 신념이 약하기 때문이다.

다음에는 당신이 사랑하는 사람을 위해서, 그리고 친구를 위해서 말의 치유력을 어떻게 사용하면 좋은가를 말해 보겠다.

그의 안에 있으며 그를 통해 이루어지고, 그의 주위를 둘러싸고 있는 조화·건강·평화의 존재, 즉 신의 존재를 느끼라. 그가 신의 보호를 받고 있음을 느끼라.

예를 들어, 그 사람이 그것에 관해서 모르고 있더라도 당신은 스스로 그에게 치유가 진행되고 있다는 것을 마음으로부터 받아들이면 된다.

만약 필요하다면 하루에 몇 번이고 그렇게 하라. 당신의 신앙심은 높아질 것이다.

치유는 천천히 되는 경우도 빨리 되는 경우도 있는데, 그것은 당신의 신앙심에 따라 달리 나타난다.

이것이 다른 사람에게 당신의 사상과 감정 그 자체인 말, 그 말을 '사용하게 한다'는 것의 의미이다.

예언자 이사야는 말했다.

"주 여호와께서 학자의 혀를 내게 주사 나로 곤핍한 자를 말로 어떻게 도와줄 줄을 알게 하시고……"

〈이사야〉 제50장 4절

의기 양양해지게 하는 말, 칭찬의 말, 사랑의 말, 누가 그 힘을 알 수 있겠는가.

나이를 초월한 말의 힘

60세 된 어느 부인이 취직을 하고 싶어했으나 나이 때문에 할 수 없다며 한탄하고 있었다.

그러나 그녀는 이렇게 긍정했다.

"나는 하느님의 자식입니다. 나는 아버지인 하느님에게 고용되어 있습니다. 신은 나에게 엄청난 보수를 지불해 주십니다. 하느님은 나에게 새로운 문을 열어 주십니다."

그녀는 새로운 힘과 자신감을 얻었다. 그것은 그녀의 태도에 곧 나타났다.

그녀는 몇 군데의 직업 소개소를 찾아갔다. 그리고 얼마 후 굉장한 일자리를 얻게 되었다.

그 곳의 고용주는 그녀가 즐겁게 일하는 것과 성실함, 그리고 꾸준히 저축하는 성실함에 아주 기뻐했다.

긍정의 말은 회답을 가르쳐 준다

어떤 젊은 비서가 다소 거친 말로 일을 엄하게 지시하는 사람 밑에서 일하고 있었다.

그러나 그녀는 그 힘든 것을 고통으로 여기지 않으려고 자기에게 다음과 같이 긍정했다.

"이 세상에 그와 같이 훌륭한 사람은 없다. 하느님이 그 안에 계셔서 생각하시고, 그를 통해서 말씀하시고 행동하신다."

얼마쯤 시간이 경과하여 고용주는 업무를 그의 아들에게 맡겼다.

그리고 그 아들은 얼마 후 이 비서와 사랑을 하게 되었다. 나는 두 사람의 결혼식 주례를 맡은 것을 대단히 기쁘게 생각하고 있다.

이 젊은 여성은 자기의 말을 자기가 생각하는 대로 사용해서 신적 회답을 얻은 것이다.

당신이 한없는 존재로서의 입장에서 말을 할 때, 당신의 말은 진실이 된다.

"태초에 말씀이 계시니라. 이 말씀이 하느님과 함께 계셨으니이다. 말씀은 곧 하느님이시니라."

〈요한복음〉 제1장 1절

요약

① 당신의 생각은 당신의 말이다. 말은 당신의 마음의 무늬를 상징한다. 사상은 곧 그 자체이다. 말은 그 모습을 실현한다.

② 당신의 말은 원자력을 훨씬 넘어 강력하다. 말은 원자력을 치유 수단으로 하여, 또는 배의 동력으로 쓰기 위해서 사용하는 것처럼, 혹은 그와 똑같은 에너지를 파괴하기 위해서 쓸 것을 명령하는 데에도 사용된다.

③ 당신은 자기가 하는 말에 감정을 깃들이게 하라. 생명과 의미를 쏟아 넣으라. 그러면 당신의 소망은 현실의 세계에 경험과 사건이 되어 실현될 것이다.

④ 자기에게 예를 들어 다음과 같이 명령을 하라.

"나의 말은 나의 비즈니스 및 나와 관계를 가진 모든 사람들에게 생명의 불을 붙게 하고, 그들에게 활기를 주고, 그들을 번영으로 이끌고, 그들에게 만족을 준다."

당신의 비즈니스는 발전을 거듭하여 번영한다. 당신의 말은 당신의 사상 자체이다.

⑤ "네가 무엇을 경영하면 이루어질 것이요, 네 길에 빛이 비치리라."

〈욥기〉 제22장 28절

바꾸어 말하면 당신의 말은 살이 된다. 즉, 당신의 세계에 형태를 갖추어 나타나게 된다는 의미이다.

⑥ 당신의 말에는 당신의 경험에 그것과 똑같은 것을 가져다 주는 정신적 동등同等의 가치가 있다.

⑦ 권위 있는 사람으로서 말하는 것을 배우라. 당신의 잠재의식은 당신이 명령을 내린 말에 대답을 해 준다.

⑧ 자기의 마음에 강하게 호소하는 말을 정하고, 그것을 자신에게 자주 명령하라. 그러한 이미지로 마음을 채우고, 습관화하는 것이 당신의 삶에 기

적을 가져다 주는 비결이다.

⑨ 신적인 입장에서 말을 하라. 그러면 법적인 문제나 기타 여러 문제에 직면해서도 협조적인 조정을 발견할 수 있을 것이다.

⑩ "라드야드 키플링은 말은 인류가 사용하는 가장 강력한 약이다."라고 말했다. 당신의 사상과 감정을 나타내는 당신의 말은 당신 자신뿐만 아니라 다른 사람까지도 치유하는 힘을 가지고 있다. 신의 존재에 대해서 생각하라. 그리고 참된 관심을 품을 수 있게 노력하라. 당신의 의식이 높아짐에 따라 당신에게 치유력이 생긴다.

⑪ 손님이 지불을 꺼리는 것은 당신의 말에 원인이 있는 경우가 있다. 그들을 축복하라. 그러면 그들의 잠재의식이 그것을 감수하고, 그들은 곧 지불해 준다.

⑫ 당신이 만약 일자리를 잃었다면 다음과 같은 말을 정성들여 외우라
"나는 하느님의 자식입니다. 나는 하느님에게 언제나 풍부한 보수로 고용되고 있습니다. 나는 나의 완전한 표현에 만족하고, 엄청난 수입에 고마워하고 있습니다."

⑬ 만약 누군가로부터 엄한 지시를 받는다면 '하느님께서 그 안에 계신다'고 대담하게 긍정하고, 신이 그를 통해서 생각하고, 말하고, 행동하고 있다고 생각하라. 그러면 얼마 후 풍부하게 보수를 받게 될 것이다.

04

상상력은 중요한 능력 가운데 하나이다

You infinite power to be rich

나폴레옹이 "상상력이 세계를 지배한다."라고 말한 적이 있다. 또한 같은 의미로 헨리 포드 피처는 말했다.

"상상력을 가지지 않은 영혼은 망원경을 가지지 않은 천문대와 같다."

상상력은 당신 마음의 제일 중요한 능력 가운데 하나이다. 그것은 당신의 아이디어에 모습을 부여하고 객관성을 주어 공간이라는 화면에 투영投影하는 힘을 갖고 있다.

위대한 과학자·예술가·화학자·발명가·실업가 문필가 등은 누구나 나의 상상력의 커다란 힘을 사용하고 있다. 과학자는 그들의 상상력을 통해서 사실의 깊은 밑바닥을 관찰하고, 자연의 비밀을 밝혀 낸다.

"그것은 불가능이다. 그것은 할 수 없는 일이다." 하고 세상 사람들이 말했다고 해도 단련되고 통제되고, 올바르게 지도받은 상상력의 소유자는 "그것은 가능하다."라고 말한다.

자기가 번영하여 성공하는 모습을 상상하는 것은 대단히 재미있고, 기쁘게 하고, 매료시키며, 자기가 빈곤과 결핍과 실패 속에 사는 것을 상상하는 것만큼 쉽다.

당신이 만약 자기의 소망과 이상을 실현하고 싶다면, 그것이 달성되었을 때의 그림을 마음에 정확한 형체로 그리라.

그리고 끝없이 당신 소망의 현실감을 맛보고 느끼라.

그 사이에 당신은 그것을 실현시키지 않고는 못 견딜 것이다.

당신이 무엇인가를 진실로 마음에 그릴 때, 그것은 이미 당신의 마음 속에 존재한다. 그래서 당신이 이상에 대한 신념을 마음에 멈추게 하는 한 언젠가는 그것이 객관화될 때가 반드시 올 것이다.

당신 속의 건축가인 신이, 당신이 마음에 새겨 둔 것을 객관의 세계라는 화면에 투영한다.

마음 속의 그 아이디어와 함께 생활하라

어떤 우수한 비즈니스맨이 문득 이런 이야기를 했다.

그 비즈니스맨은 매우 작은 가게에서 사업을 시작했는데, 여러 해 동안 전국에 지점을 가진 큰 회사의 사장이라고 마음 속에서 규칙적이면서 계획적으로 그렸다고 한다.

아침·낮·밤, 세 차례에 각각 10여 분 동안 그 비즈니스맨은 마음의 눈으로 거대한 자기 회사 빌딩이나 지점을 보고 다녔다.

꿈이 실현되었을 때, 그 비즈니스맨은 이와 같은 기능의, 이러한 형태의 건물을 세운다는 것까지 정해 놓고 그것을 마음에 그리고 있었다.

마침내 그의 비즈니스는 경기가 좋아지고 가게도 확장하고 사람을 고용하는 동안 새로운 지점을 설치할 정도가 되었다. 그 비즈니스맨은 견인의 법칙을 사용해서 자신의 이상의 개화에 필요한 새로운 아이디어·종업원·친구·돈 등 모든 것을 신변에 끌어들이기 시작했다.

그는 상상을 순진한 기분으로 작용시키고, 그것을 배양하고, 그리고 개개의 아이디어에 구체적인 형태가 부여될 때까지 날마다 마음 속의 그 아이디어와 함께 생활했다.

오늘날 그는 많은 재산을 모아 수천 명의 사람들을 고용하는 백만 달러의 사업을 경영하고 있다.

결핍이 있을 때는 부와 풍부를 상상하라

남부 캘리포니아 대학의 어떤 여학생이 성경에 관한 나의 해석을 듣고 있었다.

성경 속의 요셉이란 인물이 의미하는 것의 하나는 상상력이다. 성경은 그가 여러 가지 빛깔이 조화된 외투를 입고 있었다고 적고 있지만, 외투란 심리적인 옷을 가리킨다.

당신의 심리적인 옷은 당신이 마음에 품는 감정과 분위기와 마음의 상태이다. 요셉의 여러 가지 빛깔이 조화된 외투는 다이아몬드의 많은 면처럼 무엇인가의 아이디어에 모습을 부여하는 당신의 재능을 나타내고 있다.

그 여학생에게는 아주 가난하게 생활하고 있는 오빠가 있었다. 그녀는 오빠가 아주 불행하게 여겨졌다. 그래서 오빠 때문에 자신이 화려한 생활을 하는 장면을 상상하기 시작했다.

그 여학생은 오빠의 얼굴이 기쁨에 넘치는 장면과 입가에 밝은 웃음을 짓고 있는 장면이, 오빠의 용모나 소리까지 달라진 것을 마음 속에 그렸다.

그 여학생은 또한 오빠에게서 듣고 싶다고 생각하는 것을 오빠가 자기에게 이야기하는 장면까지 상상했다.

예를 들면, 다음과 같은 것이다.

"나는 아주 넉넉해졌어. 모든 것이 잘 되어서 다행이야. 아파트는 아주 멋있어. 게다가 새 자동차까지 있어, 마치 부富 속을 구르고 있는 것 같아."

그녀는 언제나 확신을 가지고 그 마음의 그림을 현실처럼 생생하게 그려 내고, 드디어 마음의 영화를 잠재의식에 완전히 심어두는 데 성공했다.

그로부터 2개월이 지날 무렵, 그녀의 오빠한테 좋은 조건의 일이 생겼다. 그래서 그 곳에 취직을 했는데, 회사의 업무상 필요할 것이라면서 여학생의 오빠에게 자동차 한 대를 주었다.

그러는 동안에 우연히 뽑아본 보물 심지가 들어맞아 많은 돈이 굴러 들어왔다. 오빠의 소리가 지금 현실의 소리가 되어 자기에게 말하는 것을 듣고 그녀는 감동하며 기쁨에 흠뻑 젖어 있다.

당신도 결핍이 있을 때에 부와 풍부를 상상하라. 버려진 곳에 평화가 찾아오도록 상상하라. 병든 사람들을 위해서 건강을 상상하여 주라.

상상은 모든 결과를 결정한다. 그것은 미美·공정·부·행복 등 이 세상에 있는 모든 것을 창조해 낸다.

전환된 마음의 그림이 모든 것을 바꾼다

내 친구인 비즈니스맨이 단골에게 도매로 준 상품 대금 약 1만 달러를 수금할 수 없어 난처한 경우가 있었다.

그 친구는 그 단골 사나이에게 2년 동안이나 계속 재촉했다. 그러나 곧 지불한다는 약속만 할 뿐이었다.

친구는 그 단골과 사업상의 거래가 길었기 때문에 이 건에 대해서 고소하는 것은 주저하고 있었지만, 그 사나이에게 분노를 느끼고 있었다.

그 친구는 나의 권유로 자기의 단골에 대한 마음의 태도를 바꾸었다. 친구는 그 단골이 정직하고, 성실하고, 인정이 많고, 친절하다는 것을 마음에 떠올리고, 그것을 긍정하기 시작했다.

얼마 후 친구의 태도가 달라지기 시작했다. 그는 날마다 몇 번이고 편안한 자세로 1만 달러의 수표를 손에 들고 있는 모습을 상상했다. 그리고 그것을 은행에 넣는 장면을 생생하게 상상했다.

다시 그는 책상에 앉아서, 그 단골한테 채무를 이행해 준 것에 대해서 고마워한다는 상상의 편지를 썼다. 친구는 그 편지를 봉하고 책상 서랍 속에 넣었다.

친구는 자기가 잠재의식에 명확한 그림을 예금해 두고 있는 것이라든가, 그것을 잠재의식이 실현하는 것에 관해서 잘 이해하고 있었다.

그렇게 열흘이 지났다. 친구는 그 단골로부터 한 통의 편지를 받았다. 그 편지 속에는 1만 달러의 수표와 편지가 들어 있었다.

최근 며칠 동안 귀하에 대해서 생각하고 있었습니다. 그리고 귀하에게 전액의 지불을 하지 않으면 안 된다는 것을 마음 깊이 느꼈습니다. 늦게 드려서 미안합니다. 훗날 자세한 말씀을 드리겠습니다.

이것은 전환된 마음의 그림이 모든 것을 바꾸었음을 증명하는 것이다.

당신은 당신 미래의 건축가이다

라디오·텔레비전·레이더·초음속기 등 현대의 발명품은 사람의 상상력으로부터 생겨났다.

당신의 상상력은 음악·미술·문학 등 여러 가지 발견이라는 귀한 보석을 당신에게 주는 무한한 보고이다.

우수한 건축가의 일을 생각해 보자. 아름다우면서 기능적인 도시를 마음 속에서 세운다. 그는 다음 세대를 위한 꿈의 도시 계획을 위탁받고 있다. 그는 지금까지 아무도 본 적이 없는 것 같은 아름다운 광경을 마음 속에 만들어 쌓아 올린다.

전체적인 조화 속에 각각의 건축물을 예술적으로 구체화한다. 거기다가 수영장과 수족관의 오락 시설과 공원 등을 덧붙여 완성한다.

그리고 건설자에게 그 계획서를 건넨다.

그의 내적인 꿈은 그 자신의 외적인 부가 되고, 그에게만이 아니라 무수한 사람들에게 부를 가져다 준다.

당신은 당신 미래의 건축가이다. 당신이 지금 한 톨의 도토리 열매를 보면서 상상해 본다고 하자, 시냇물이 가로지르는 길고 큰 숲을 만든다. 그 숲에 여러 종류의 생활을 하는 사람들을 살게 한다.

그리고 사람들의 근심에 무지개를 놓는다. 사막을 보라. 당신은 그것을 꽃피는 장미원처럼 만들 수 있다.

직관과 상상력을 부여받고 있는 사람들은 사막에서 물을 찾아내고, 다른 사람에게 있어 표면적으로는 그냥 황야와 사막뿐인 땅에 도시를 세운다.

사막에서도 부富를 발견할 수 있다

10년 전 나는 어떤 사람으로부터 애플바리에 있는 약간의 땅을 사들였다. 그 사람은 1930년대 공황이 한창일 때 자동차로 네바다로 가는 도중에 광활한 사막 애플바리를 지나갔다.

그 때 그는 그의 아내에게 말했다.

"가까운 장래에 이 곳에 도시가 생길 거요. 사람이 이 사막으로 옮겨 와 집을 짓고, 회사를 일으키고, 공장을 세우고, 학교나 병원 등을 세울 거요. 이것은 정부의 땅이오. 자, 우리도 6백 에이커 정도 삽시다."

그 때 1에이커의 값은 2달러였다. 1에이커에 2달러를 투자해서, 그는 약간의 재산을 만들었다. 그 땅은 지금 1에이커에 4백 달러 이상에 팔리고 있다.

그 때까지 무수한 사람들이 네바다로 가기 위해 그 곳을 지나갔다. 그들이 지나가면서 본 것은 그냥 사막일 뿐이었지만, 그 사나이는 거기에서 부를 본 것이다.

성경은 다음과 같이 말하고 있다.

"내가 자신에 강을 열며, 골짜기 가운데 샘이 나게 하며, 광야로 못이 피게 하며, 마른 땅으로 샘 근원이 되게 할 것이며……"

〈이사야서〉 제41장 18절

상상의 영화를 5분 동안 마음에 비추어라

날마다 나의 라디오 프로를 듣는 학교의 선생으로부터 한 통의 편지를 받았다.

54

그 선생은 자신의 수첩에 '건강과 부와 사랑과 자기의 표현'이라는 말을 써 두었던 모양이다. 그 선생은 미혼이었으며, 건강이 좋지 않고, 충분한 돈도 없었다. 그리고 어디서든지 대학 강단에서 가르치고 싶어했다.

그 선생은 수첩에 이렇게 적고 있었다.

건강이라는 글자 밑에는 "나는 건강하다. 신은 나의 건강이다."라고 쓰고, 부란 글자 밑에는 "신의 부는 나의 부이다. 나는 풍족하다.", 그리고 마찬가지로 사랑이라는 글자 밑에는 '신적神的으로 행복한 결혼 생활'이라 쓰고, 자기의 표현이란 글자 밑엔 '신적 지성은 나를 알맞고 바른 일로 인도한다. 그리고 그 직무를 완전히 수행하고 놀라운 수입을 얻는다.'라고.

그 선생은 날마다 아침과 밤에 수첩에 적어둔 것을 보고는 다음과 같이 긍정했다.

"이러한 모든 소망은 이제 나의 잠재의식에 의해서 달성되어 가고 있다."

그리고 각 항목마다 완전한 결말을 마음 속에 그린 다음 몇 시간이 지나갔다.

그녀는 담당 의사가 자기에게 "완전히 나았군요. 이제 괜찮습니다."라고 말하는 것을 자주 상상했다.

또한 함께 살고 있는 어머니가 "너는 부자가 되었어……. 엄마는 매우 행복해, 새로운 곳으로 옮겨 어딘가 여행을 떠나자."고 자기에게 말하는 장면을 상상했다.

또한 목사가 "나는 당신들을 남편과 아내라고 부릅니다." 하는 말을 듣고, 상상의 반지가 자신의 손가락에 끼워지는 그 촉감이며 견고함을 느꼈다.

잠들기 전 그녀의 마음은 학교 교장이 자신에게 이렇게 말하는 장면을 떠올렸다.

"당신이 그만두는 것은 아주 섭섭합니다. 하지만 당신이 이제부터 대학에서 교편을 잡는다는 말을 들으니 매우 기뻐요. 축하합니다!"

그녀는 각각 다른 5분 동안의 상상의 영화를, 완전히 긴장을 풀고 조용히 마음에 비추었다. 동시에 이러한 마음의 그림이 그녀의 마음 깊이 스며들어, 그것이 어둠 속에서 자라나고, 그래서 적절한 때에 적절한 방법으로 객관화된다는 것을 그녀는 잘 이해하고 있었다.

그녀가 이와 같은 심리적 훈련을 마음으로부터 즐겨 반복한 결과 그녀의 생활은 매일 단련되고, 제어되고, 방향 지어진 그 상상의 세계와 동일한 이미지로 차츰 용해되어 갔다.

그래서 3개월 안에 그녀의 소망은 모두 달성되었다.

그녀는 자신의 마음 속에 있는 것, 즉 사상이나 이미지나 감정이나 신념을 사용하여 자기에게 풍족한 건강·부·사랑·표현 등을 안겨 주는 것 같은 생활의 양식을 형성하는 디자이너나 건축가 같은 기질이 자기 속에 존재하고 있음을 발견했다.

다음은 그녀가 좋아하는 성경의 한 구절이다.

"내가 산을 향하여 눈을 들리라. 나의 도움이 어디서 올까."

〈시편〉 제121편 1절

당신에게는 내재하는 조물주가 있다

그것이 건설적이든 파괴적이든 당신은 계속 상상력을 사용하고 있다. 당신이 무엇인가를 생각할 때 거기에는 언제나 마음의 그림이 따른다.

당신이 당신의 어머니를 생각할 때 마음으로 어머니의 모습을 그리고 있다. 집에 대해서 생각할 때 당신은 어떤 집을 마음의 눈으로 본다.

빈곤에 허덕이고 있는 사람은 언제나 여러 가지 종류의 결핍과 부족한 것을 마음에 품고 있다. 그리고 그 마음은 속에 품고 있는 이미지에 따라 여러 가지 결과를 낳는다.

당신이 얼마 후 결혼한다고 하자. 그러면 당신은 생생히 현실과 같은 그림을 마음 속에 그린다.

당신은 상상의 힘을 사용하여 목사나 신부나 사제를 본다. 그리고 그가 당신의 결혼을 알리는 말을 듣는다. 장식된 꽃과 식장을 보고, 음악을 듣는다.

손가락에 끼워지는 반지를 상상하고, 신혼 여행은 나이아가라 폭포나 유럽으로 갈 것을 상상한다. 이상의 것은 모두 당신의 상상력에 의해서 실현된다.

그와 마찬가지로 당신이 졸업을 앞두고 있다고 하자. 마음에 아름다운 졸업식 광경이 펼쳐진다. 당신의 심리는 온통 졸업에 대한 이미지로 가득하다. 당신은 학장이나 교수에게 졸업장을 받는 장면을 상상한다. 모든 학생들이 졸업 가운을 입고 있는 장면을 상상할지도 모른다.

당신은 아버지나 어머니, 또는 당신의 애인이 당신에게 축하해 주는 말을 듣는다. 당신은 그들의 포옹과 키스를 느낀다. 그러한 것은 극적으로 마음을 설레게 하는 신나는 일이다.

이미지는 어디에서 오는 것이 아니고, 그저 풍부하게 나타나는 것이다. 거기에는 당신의 마음 속에서 상상한 모든 이미지의 현실적인 모습을 부여하고, 그러한 것에 생명과 동작과 소리를 부여하는 힘을 가진 '내재하는 조물주'가 있다는 것을 인정하게 한다.

이러한 이미지가 당신에게 말하고 있다.

"우리는 당신을 위해서 살고 있답니다."라고.

증권인이 고객을 위해 부를 그린 방

내가 아는 사람 중에 다른 사람에게 돈을 벌 수 있도록 도와 주는 것을 더할 나위 없는 취미로 삼는 증권인이 있다.

결국 그는 그 증권 회사의 부사장으로까지 승진하는 상당한 성공을 거두었다. 그가 하는 방식이란 아주 간단하다.

그는 회사에서 언제나 자기의 책상으로 가기 전에 일단 다른 곳에서 조용히 앉아 마음을 안정시킨 다음, 몸의 긴장을 풀고 여유 있는 기분으로 다음과 같이 마음에 그렸다.

그것은 잇따라 오는 손님과 마음 속으로 상상의 대화를 나누는 것으로서 손님들은 한결같이 그의 현명하고 확실한 판단을 칭찬하고, 그가 적절한 주식을 사 준 것에 대하여 손님들이 매우 고마워하고 있는 모습이다.

그는 또한 낮 동안의 휴식 시간에도 또다시 마음 속의 이 그림으로 되돌아가는 것을 게을리하지 않았다.

이와 같이 해서 그는 이 상상의 대화를 규칙적으로 극화하고, 잠재의식 속에 강하게 심어 그것을 신념의 형태로까지 만들었다.

그의 말에 의하면, 지금까지 많은 손님들에게 상당한 재산을 만들어 주었지만, 자신의 조언으로 손해를 보았다는 이야기는 아직 듣지 못했다는 것이다.

이 부사장은 '주관적으로 구체화된 사고는 자연의 질서에 의해서 객관적으로 표출된다'는 것을 알고 있었다.

아이디어를 심층의 마음으로 강하게 성장시키는 것은 방심하지 않는 마음의 그림이다. 자주 상상의 영화를 비추라. 시종 마음의 화면에 그 영상을 비추는 것을 습관화하라.

얼마 후 당신의 아이디어는 하나의 명확한 습관적 본보기로 나타나게 된다. 그러면 당신이 마음의 눈으로 보는 영화는 얼마 후 널리 바깥으로 현실의 모습이 되어 나타나게 될 것이다.

부와 상상의 과학을 실천하라

상상의 과학을 실천함에 있어서 당신이 가장 먼저 시작해야만 되는 것은 당신의 상상을 강하게 키우는 것, 또한 상상을 함부로 퍼지게 하지 않는 것이다.

과학은 순수가 주장되는 것을 요지로 한다. 당신이 만약 화학적으로 순수한 생성물을 바란다면, 당신은 목적 외의 물질은 물론 다른 모든 물질의 흔적까지도 제거해야만 된다. 쓸데없는 것은 모두 쫓아내야만 한다.

지금까지 말한 것을 당신의 심상에 적용해 말한다면, 모든 불순물, 즉 질투·원한·탐욕·공포·걱정 등을 당신의 마음 속으로부터 배제해야 된다.

당신은 당신의 생활 목적이나 목표에 주장되는 요지의 초점을 맞추고, 풍족하고 행복한 생활로 당신을 이끌게 되어 있는 그 목적이나 뜻이 꺾이거나 꼬부라지는 것을 거부해야만 된다.

마음 속으로 당신이 소망하는 것에 빠져 그것에 열중하라. 그러면 당신은 그러한 소망이 당신의 세계 속에서 물질적인 형태를 취하고 실제로 나타나는 것을 알게 될 것이다.

호경기가 계속되고 있는 비즈니스맨이 집으로 돌아와 마음 속에서 실패라는 이름의 영화를 방영하고, 그 속에서 재산이 점점 줄어드는 것을 보고, 멀지 않아 자기가 파산하는 것을 상상하고, 더욱이 자기의 비즈니스조차도 폐쇄되려 하고 있는 장면을 걱정하면서 상상한다고 하자.

그가 만약 계속 번영한다고 하면, 이 경우 그의 마음의 그림에는 아직 진실성이 없다는 것을 의미한다.

다시 말하면 그가 두려워하는 것은 아직 그의 병적인 상상 속에만 한정되어 있다. 그가 만약 그 병적인 마음의 그림에 공포의 감정을 곁들여 계속해서 그린다면 두말할 나위 없이 실패를 초래할 것이다.

그는 실패와 성공 중 어느 것을 선택할 수도 있지만, 결국 실패를 선택하며 한 걸음 내디딘 셈이 된다.

당신을 치유하고, 축복하고, 번영시키고, 격려하고, 강하게 하는 이미지나 아이디어로 마음을 가득 채우라. 본받고 싶은 인물을 마음에 그리면 당신은 그 인물처럼 되어 간다. 당신의 상상은 당신의 세계를 말해 준다. 당신에게 행복을 가져다 주는 마음의 법칙을 신뢰하라. 그러면 당신은 여러 가지 은혜와 생명의 부를 풍부하게 경험하게 될 것이다.

요약

　① 나폴레옹은 "상상력이 세계를 지배한다."고 말했다.

　② 상상은 마음의 가장 중요한 능력의 하나이다. 그것은 당신의 아이디어에

모습을 부여하고, 객관성을 가져다 주고, 공간이라는 화면에 투영하는 힘을 가지고 있다.

③ 당신이 만약 비즈니스에 관계하고 있다면, 보다 큰 비즈니스를 상상하라, 새로운 발전을, 새로운 사업을, 새로운 지점의 증설을 마음에 그리라. 마음의 연금술錬金術을 통해서 당신은 이러한 그림을 현실의 것으로 만들 수 있다.

④ 당신은 사람들에 대해서 '그들은 보다 밝고, 행복하고, 기쁨에 넘치고, 풍족해서 성공한 삶을 보내야만 한다'고 생각하고, 그것을 상상함으로써 그들을 풍족하게 할 수 있다. 그 마음의 그림을 성실하게 키우라. 마침내 그것은 현실이 된다. 이것이 다른 사람의 행복을 바란다는 것이다.

⑤ 당신이 만약 당신에게 채무를 지고 있는 사람에게 돈을 받지 못하여 난처한 입장이라면, 그 지불 수표가 당신의 손 안에 있는 장면을 상상하라. 그 현실성을 느끼라. 그리고 그 부채자에게 고마워하고 그의 번영과 성공을 바라라. 그는 당신에게 곧 그것을 지불하게 될 것이다.

⑥ 라디오·텔레비전·레이더·초음속기 등 모든 발명은, 사람의 상상력에서 생겨난 것에 불과하다. 상상력은 마음의 깊이를 재고, 그리고 거기에 있는 것은 그 내용에 따라 객관화되고, 공간이라고 하는 화면에 투영된다.

⑦ 당신이 사막을 바라볼 때 당신은 거기에서 무엇을 느끼는가. 어떤 사람은 부를 느끼고, 그 사막을 꽃피는 장미원처럼 만든다. 상상은 신의 공장이라고 불리고 있다.

⑧ 마음에 소망의 영화를 방영하고, 그 완성을 상상하라. 당신의 잠재의식이 그것을 실현한다.

⑨ 당신은 그것이 건설적이든 파괴적이든, 끊임없이 상상력을 작용시키고 있다. 당신 자신을 위해서만 아니라, 다른 사람을 위해서도 좋은 것만 마음에 새겨 두고, 아름다운 일을 마음에 그리라,

'내가 다른 사람에 대해서 마음에 그리는 것과 똑같은 일이 나의 일이 되

었다고 해도 괜찮은가?' 하고 자기 자신에게 물어보라. 당신의 대답은 마땅히 그렇다고 해야 한다. 기억하라. 당신이 다른 사람에 대해서 바라는 것을 당신은 자신에 대해서도 바라고 있다.

⑩ 사람들이 번영하고, 성공하고, 행복하고, 풍부해서 기쁨에 넘쳐 있는 장면을 상상하라. 이것은 당신 자신이 부를 얻는 틀림없는 방법 가운데 하나이다.

⑪ 상상의 과학을 실천하는 데 있어서 모든 불순물, 예를 들면 질투·원한·탐욕·회의·공포·분개 등을 마음 속에서부터 배제해야만 된다. 당신의 생활 목적이나 목표에 당신의 주장되는 요지의 초점을 맞추라. 그리고 그것이 달성되는 장면을 상상하라.

⑫ 사람이란 '나는 이렇다'라고 스스로 마음에 그리고 있는 바로 그것이다. 훌륭하고 고귀하다는 것을 마음에 그리고, 그것을 느끼라. 그러면 하늘의 온갖 부가 당신에게 딸려 오게 될 것이다.

필요한 것은
무엇이든 얻을 수 있다

You infinite power to be rich

내가 온 것은 양으로 생명을 얻게 하고 더 풍성히 얻게

하려는 것이라."

〈요한복음〉 제10장 10절

당신은 영원히 행복한 삶을 누리고 신을 찬미하며 신과 함께 즐기기 위

해서 이 세상에 태어났다.

이 세상의 모든 종류의 부는 신의 은총이다. 그것은 그 자체로서 선善한

것이며, 선한 일을 위해서 사용될 수 있다.

신은 그 선물을 보낸 쪽이며, 사람은 그것을 받는 위치에 있다.

신은 사람들 속에 살고 있다. 그것은, 즉 당신 속에 무한한 부의 보고가

있다는 뜻이다.

마음의 법칙을 배움으로써 당신 속에 잠재해 있는 무한한 보고로부터 당

신의 삶을 기쁨에 충만하게 할 수 있고, 물질적으로 풍족하게 살기 위해서

필요한 것은 무엇이든 얻을 수가 있다.

가난에는 미덕이 없다

당신은 이 땅에서 풍족하게 살 임무를 띠고 태어났다.

당신이 선천적으로 타고난 재능을 사용하여 신과 조화를 이루고, 그래서 당신의 마음을 능동적으로 바꾸어, 그것을 좋은 아이디어로 바꾼다면 당신의 노동은 더욱 생산적인 것이 될 것이다. 따라서 그것은 당신에게 여러 형태의 물질적인 부를 가져다 줄 것이다.

당신을 풍족하게 하는 것, 그것은 당신이 마음 속에 품고 있는 신과의 일체감이다. 그래서 당신의 마음가짐과 이 세상의 사물에 대한 신념에 의해서 얼마만큼 당신이 풍족해지는가 결정된다. 이 세상의 무한한 부는 모두 당신을 위해서 존재한다.

가난에는 미덕이 없다. 가난—그 현상의 본질은 실은 마음의 병의 하나이지만—이야말로 지상에서 완전히 소멸되어야 한다.

당신은 자신에게 어울리는 생활 공간을 발견하고, 거기에서 당신의 능력을 발휘해야 한다. 인생을 전개하고, 발전시키고, 끝없이 찬미하기 위해서 부를 당신의 것으로 만들어야 한다.

당신 자신을 언제나 아름다움으로 가꾸기 위해서는 어떻게 하면 좋은가를 배우라.

그러면 마음의 평화·자유·독립에 대해서 양보할 수 없는 당신의 권리에 관하여 깨닫는 것이 있으리라.

당신의 인생을 설계한 다음 그것을 그려 보고, 그 다음 그것을 실천하는 것, 그래서 얻어지는 힘과 고상한 성품, 부는 다른 어느 누구도 간섭할 수 없는 당신만의 권리이다.

부에 대해 확신을 가지라

우주에는 질서가 있다. 거기에는 원리와 법칙이 있고, 그것에 의해서 우리들의 경험이나 상태, 그리고 신변의 사건이 실제로 일어나게 된다.

모든 사상事象에는 인과의 법칙이 있다. 부에 이르는 방법에도 과학적인 법칙이 있는데, 이 과학은 신념의 법칙에 기초를 두고 있다.

"믿는 자에게는 능치 못할 일이 없느니라."

〈마가복음〉 제9장 23절

인생의 법칙은 믿음의 법칙과 같다. 믿음이란 사물을 진정한 마음으로부터 받아들이는 것이다.

풍족한 생활, 행복한 인생, 성공에 빛나는 인생을 믿으라. 그래서 최선을 다 하여 기쁜 마음으로 매일매일을 보내라. 그렇게 하면 부가 당신에게 다가올 것이다.

부자와 빈자, 성공과 실패, 건강과 병의 차이는 무엇인가? 그것은 믿음의 차이가 구체적으로 나타나 그렇게 될 뿐이다.

원인으로 인해 그 결과가 나타나는 것은 당연한 우주의 법칙이다.

따라서 부에 대해 확신을 가지고 그 부를 얻고자 하는 사람이 그 부를 받아들이게 되는 것은 당연하다.

빛나는 인생은 이제 당신 것이다

당신은 풍족하고 행복한 생활을 영위하는 데 필요한 모든 것을 갖추고 태어났다. 또한 당신은 모든 장해를 이겨내고, 당신에게 존재하는 아름다운 마음과 영광을 세상에 밝히기 위해서 태어났다.

당신의 인생은 신의 인생이며, 그 빛나는 인생은 이제 당신의 것이다.

예를 들면 한 개의 수목이라 해도, 아름다운 질서의 우주라고 해도, 신이 뜻하는 데에는 언제나 성공이 있을 뿐이다. 당신은 신과 함께 존재하고 있다. 따라서 당신은 실패하는 일이 없다.

당신은 단순히 사는 법만을 배우려고 해서는 안 된다.

당신의 정신과 육체 속에 숨어 있는 재능을 발휘하여 자기 자신을 표현하는 방법을 배워야 한다.

건강·풍족함·행복, 그리고 평화를 바라는 마음은 당신 인생의 진실한 장소를 바라는 것, 그것은 당신 속의 영원한 생명이 당신을 통해서 밖으로 표출되고 싶다는 충동이며, 암시이자 자극이다.

자, 당신의 최대의 발전과 최선을 원하라.

부에 이르는 3단계 법칙

비버리힐스에 있는 나의 친구 중 한 명이 자신의 가게에서 나에게 이야기해 주었다.

"내 형이 삼거리의 골목 앞에서 나와 똑같은 장사를 하고 있네. 형은 돈을 많이 벌어 점원을 두 명이나 더 고용했지. 그런데 나는 항상 적자로 허덕이고 있어. 그 원인은 아무래도 환경이라든가 상품 탓은 아니고 나 개인에게 있는 모양일세."

나는 그에게 다음과 같이 이야기해 주었다.

"장사나 일이 잘 된다는 것은 장사의 종류나 장소가 좋고 나쁜 것은 문제가 안 돼. 부라는 것은 사람의 마음 상태에 따라 나타나게 되지. 예를 들어, 놀라운 재능을 가진 사람이 가난에 허덕이고 있거나, 이와는 반대로 재능이 없거나 교육을 받지 못한 사람이 이상하게 돈을 잘 버는 일이 있네."

나는 그에게 틀림없이 부에 이르는 3단계를 이야기해 주었다. 그 결과 그는 그것을 실행하여 놀라울 만큼 번창했다.

첫째, 경제적인 문제로 결코 부정적인 말을 입에 담지 말라.

예를 들면, '사무실의 월세를 지불할 수가 없다.', '융통이 잘 안 된다.', '장사가 잘 안 된다.', '지불이 잘 안 된다.', '무엇무엇이 잘 안 된다'는 식의 부정적인 생각이 떠오르면 즉시 다음과 같이 되뇌인다

"나는 영원한 보고와 한몸이다. 필요한 것은 모두 충족된다."

이것을 1시간에 50번 정도 계속해서 긍정할 수 있으면 부정적인 생각이 당신을 괴롭히는 일은 없을 것이다.

둘째, 내재內在하는 무한한 부와 당신을 일치시키기 위해서 다음과 같이 날마다 되뇌이는 것을 습관화하라.

"신은 곤란한 때에는 언제나 같이 있어 주고 도와 준다. 신은 언제 어디서나 내가 원하는 모든 좋은 아이디어를 즉석에서 공급해 주는 근원이다."

셋째, 매일밤 잠자리에 들기 전에 다음과 같은 말을 조용히 되풀이하고, 당신 자신에게 주입시켜라.

"나는 언제나 신에게 감사하고 있다. 영원한 생명은 언제나 내 안에서

약동하고, 무한한 부는 언제나 내 안에서 변하지 않는다."

내 친구는, 이 정신적 처방에 의해 한층 발전하게 되었다. 그는 성경에서 다음의 말을 발췌한 후 액자에 넣어서 걸어 놓았다고 말했다

"광야와 메마른 땅이 기뻐하며 사막이 백합화같이 피어 즐거워하며……"

〈이사야〉 제35장 1절

최근에 그는 말했다.

"내 마음은 메마른 광야와 사막이었네. 거기에 아무것도 없고, 자라는 것이라고는 무지에서 오는 공포와 허망함과 자기 혐오라는 이름의 잡초뿐이지, 그런데 지금의 나는 승리와 번영의 길을 계속해서 걸을 뿐이네."

부의 법칙은 누구에게나 존재한다

바야흐로 우주 여행의 시대로서—전자공학—여행의 시대가 펼쳐져 엄청나게 많은 발명이나 발견이 과학·공업·의학·예술 분야에서 행해지고 있다.

예를 들어, 컴퓨터와 전자공학 분야에 있어서 현재는 아직도 유년기에 머물러 있다고 비유할 수 있지만 앞길이 훤하게 열려 있다. 하늘의 교통다른 우주의 교통까지도 포함해서에 관계하는 비즈니스는 의심할 것도 없이 거대한 산업이 될 것이고, 거기에 종사하는 사람들도 전 세계적으로 보면 어떤 숫자가 나올는지 예측할 수도 없다.

시대의 흐름을 거슬러 헤엄치는 것이 아니라, 그 조류를 타고 인생을 설

계하는 사람들에게 기회는 여기저기에 널려 있다.

부의 법칙은 모든 사람들을 위해서 존재하며, 그리고 당신을 위해서도 있다.

열대 지방에서 나는 과일이 땅에 떨어져서 매년 썩어 버리는 양은 전 세계의 사람들이 먹고도 남을 만큼 많다고 한다. 자연이 엄청나게 풍족하여 그것을 아끼는 일은 없다.

인간 세계에서의 결핍과 부족이란 인간의 잘못된 분배 방법과 자연의 남용과 악용에 의한 것이다.

건축 재료를 예로 들면, 세계에는 목재와 돌·시멘트·철 등이 풍부하다. 그 밖에도 갖가지 재료가 풍부하게 있다. 따라서 그것들을 사용해서 쾌적한 공간을 전 세계 모든 사람들을 위해서 세울 수가 있다. 마치 모든 여성들이 여왕처럼, 모든 남성이 왕처럼 입을 수 있을 만큼 충분한 재료가 있다.

이 세상의 갖가지 목적을 위해서 쓰여질 모든 재료는 끝없이 공급되어도 결코 없어지지 않는다. 그것은 이 세상의 근원인 실체가 무궁 무진하기 때문이다. 그 영원한 샘은 마르는 일이 없다.

당신 속에 잠재된 무한한 아이디어 창고도 저장된 것이 없어지는 일은 없다.

예를 들어, 사람이 다시 금이나 은을 필요로 하면 이미 존재하는 원소를 사용해서 그것들을 합성하여 만들어 낼 것이다. 무한한 예지는 당신의 필요에 언제나 응한다.

그래서 그 예지는 끊임없이 스스로를 확대하려는 성향이 있으며, 당신을 통해서 보다 충실한 형태를 취하여 나타나고 싶어한다.

마음 속에 부를 불러들이라

병이란 안정이 없고, 균형이 결핍된 상태를 말한다.

당신 주위를 한번 살펴보라, 사람들은 다양한 직업에 종사하고 있다. 하지만 그 중에서 직종이 어떻든 간에 어떤 사람은 부자가 되어 인생 결승점에 훌륭하게 도달하려는 한편에는, 같은 분야의 일을 하면서 가난을 감수해야 하고, 병든 사람처럼 생활하는 사람이 눈에 띌 것이다.

그들은 한결같이 불안정·불균형한 상태에 있다.

당신은 몸이 아프면 곧 약을 먹든가 병원에 가서 고치려고 할 것이다. 이와 마찬가지로 마음의 병도 대책을 강구해야 한다.

당신이 지금 부자가 아니더라도 전혀 문제가 되지 않는다. 다만 당신의 마음 속을 풍부한 사고, 즉 부·번영 등으로 가득 채우고 끊임없이 반복적으로 그것이 떠오르도록 해야 한다. 그렇게 하면 잠재의식은 자동적으로 당신의 사고에 반응을 일으킨다.

마침내 당신은 행운을 만나게 된다. 그래서 그 행운이 또다시 행운을 부르고 또 불러 헤아릴 수 없는 번영의 길을 걸어가게 된다.

지금의 당신에게는 어쩌면 빚이 있을지도 모른다. 또는 신용이나 증권이나 그 밖에 눈에 보이는 재산이 없을지도 모른다. 그러나 그것에 신경을 쓸 필요는 없다. 확신을 가지고 다음과 같이 생각하라.

'무한한 부가 나의 생활을 충분히 채워 준다. 하늘의 부에는 언제나 남음이 있다.'

얼마 후 기적이 당신에게 일어날 것이다.

잠재의식이 기적을 일으키다

내가 이 책의 맨 첫장을 썼을 때 나이든 어떤 부인이 전화를 걸어왔다.

"기적이 일어났습니다."

그녀와 그녀의 남편은 얼마 되지 않는 연금으로 생계를 유지하고 있었다. 그러나 그것으로 충분하지 않았기 때문에 언제나 불편한 생활을 하고 있는 상태였다. 그 무렵 나는 그녀에게 다음과 같은 기도를 권했다.

"신의 부가 풍부하게 전해져서 나의 생활을 충분히 채워 줍니다. 나는 지금의 이 행복에 고마워하고 신의 풍족함에 고마워하고 있습니다."

그녀는 하루에 몇 번이고 정성껏 기도를 했다. 약 2주일이 지난 어느 날 한 사나이가 그녀의 집을 찾아왔다. 그녀는 그 사나이가 하늘의 사자였다고 말한다.

그 사나이는 그녀에게 땅을 팔 용의가 있는지 물었다. 사실 그 땅은 사막 한복판에 있어서 주위에는 물도 없고 집 한 채 보이지 않는 오직 잡초와 선인장만이 무성한 형편 없는 곳이었다.

그녀는 몇 년 전부터 그 땅을 팔고 싶었지만 누구 하나 거들떠보지도 않았다. 그런데 그 사나이가 이렇게 말했다.

"우리 회사가 댁의 땅 근처에서 대규모의 공사를 하고 있는데, 댁의 땅에 발전 시설을 갖추고 싶은 생각이 들어서……."

그래서 그녀는 1만 달러나 되는 돈을 전혀 쓸모 없다고 생각했던 그 땅의 대금으로 받았다.

이러한 것을 기적으로만 돌릴 수는 없다. 다만 그녀의 잠재의식이 그녀의 요구에 응한 결과였다.

생각에 확신을 가질 때 행운은 찾아온다

생각의 위력은 보거나 만질 수 없다.

그러나 당신이 무엇인가를 생각하면, 그것은 반드시 어떠한 형태로서 외부에 나타나게 된다.

다만 좋은 생각이 있어도 그 반대의 생각으로 중화되어 버린다면 그것은 이미 힘을 갖지 못하게 될 성질이 있다.

이 점에 유의하면서 이 성질을 유효하게 살린다면 당신은 잠재의식의 작용을 통하여 틀림없이 눈에 보이는 자본을 만들 수 있을 것이다.

당신의 잠재의식은 당신의 생각에 따라 작용한다. 만약 당신이 가난해질지도 모른다는 두려움을 갖는다면, 당신이 지금 매우 풍족할지라도 당신은 틀림없이 가난해진다.

이와 반대로 만약 당신이 부나 정신적인 풍요를 끊임없이 생각한다면 당신은 끝내 풍족하게 될 것이다.

부는 나의 것이라 생각하고, 그 생각에 확신을 갖는다면 잠재의식은 당신의 그 생각과 확신에 대답하여 당신에게 행운을 가져다 주게 된다.

모든 발명이나 만들어 낸 것—빌딩을 비롯한 여러 가지 건축물, 갖가지 기계 장치, 또한 사람이 만든 양식이나 순서 등—모두 사람의 마음 속에 있는 보이지 않는 보고에서 생겨난 것이다. 당신이 의자에서 일어나려고 할 때, 그것은 순간적인 일이지만, 우선 일어나려 생각한 후 행동을 일으킨다.

어떤 과학자는 당신의 집 안에 사람의 그림자와 소리를 들여 보내고 싶어했다. 그 생각의 결과가 바로 텔레비전이다.

전자의 충격은 영상·음성·음악 등으로 만들어져 있다. 우리들은 순전히 생각으로 충만된 세계에 살고 있다고 말할 수 있다.

신은 하나의 세계를 생각했다.

깊고 먼 우주의 마음은 그 생각에 따라 움직이고, 그래서 약동하는 우주가 만들어지고, 해와 달과 별은 서로 질서를 유지하게 되고, 끝없는 은하가 우주에 존재하게 되었다.

이것은 모두 무한한 예지의 창조물이며, 질서 정연한 수리적 방법에 의한 정교함과 치밀을 극한 생각의 결과이다.

나무가 만들어질 때에는 그것이 떡갈나무든 사과나무든 처음에 무한한 예지가 그것을 생각한다. 그래서 깊고 먼 우주의 마음이 행동하기 시작하고 대자연의 시종 일관한 본성인 성장의 원칙에 바탕을 두고 모든 나무가 생겨난 것이다.

놀라운 견인의 법칙

몇 달 전 한 젊은이가 자기가 발명한 기계를 가지고 나에게 왔다.

그는 그 발명품을 훌륭한 제품으로 세상에 널리 알리기 위해서는 아주 많은 돈이 필요하다고 말했다.

나는 그 젊은이가 자신의 꿈을 실현하기 위해서 필요한 모든 것을 그에게 제공하는 견인의 법칙이 있음을 이야기했다. 그리고 그에게 다음과 같은 것을 끊임없이 마음 속에서 강하게 확신할 것을 권했다.

"나의 잠재의식 속의 무한한 예지는 나의 발명품을 위해 이상적인 회사를 나에게 예시해 준다. 그 회사는 이 발명품을 훌륭한 제품으로 만들어 팔아 준다. 거기에는 서로의 만족과 협조가 있으며, 그에 관계하는 모든 사람들에게 이익을 가져다 줄 계약이 맺어진다."

그 젊은이는 날마다 그렇게 기도를 드렸다.

얼마 후 내가 강연을 하고 있는 로스앤젤레스의 강연회장에서 그 젊은이는 유능한 한 비즈니스맨과 만났다. 그리고 이 비즈니스맨은 그 젊은이가 발명한 기계에 상당한 흥미를 갖더니 그를 후원해 주기로 약속했다.

그 과정에서 그는 이 젊은이에게 적당한 어느 회사를 소개해 주었을 뿐만 아니라, 그 발명품을 최고의 제품으로 만들도록 계약까지 맺어 주었다.

최근에 그는 나에게 이렇게 말했다.

"그 제품은 혁신적인 특색을 가지고 있기 때문에 엄청난 수량으로 생산되고 있습니다. 따라서 앞으로의 이익은 쉽게 계산할 수조차 없습니다."

이 이야기는 견인 법칙을 올바르게 설명하고 있다. 마치 초목의 씨가 흙 속에서 싹을 틔우기 위하여 필요한 양분을 흡수하는 것처럼 사람은 이상이나 목적 달성과 부의 축적을 위하여 필요한 지식이나 아이디어를 의식적으로 끌어당길 수 있다.

이것을 유의하라.

사람이 만든 양식이나 순서가, 즉 사람에 의해서 만들어진 모든 것은 맨 처음 생각 속에 떠오른 것부터 시작된다는 점이다. 사람은 누구나 무엇을 생각해 내기 전까지는 그것을 말하거나 그리거나 만들거나 할 수가 없다.

궁극적으로 말한다면, 생각하는 것만이 세계를 지배하고 있다.

요약
① 마음의 법칙을 사용하여 풍부한 인생으로 당신을 인도하는 데 필요한 모든 것을 당신 속에 있는 무한한 보고로부터 끌어내라.

② 당신은 풍족하게 살도록 태어났다. 그러므로 충족되고 행복한 인생을 보내야만 한다. 신은 당신이 행복해질 것을 바라고 있다.

③ 모든 일은 인과 법칙에 따라 일어난다. 신의 부를 믿으라. 그러면 당신은 그 부를 받게 된다. 당신이 그것을 믿을 때 그것은 당신에게 오게 된다.

④ 신이 하는 일은 모두 성공한다. 당신은 신과 한몸이다. 따라서 당신은 실패하는 일이 없다. 당신은 승리를 얻기 위해서 태어났다.

⑤ 모든 부는 마음 속에 있다. 부나 빈곤을 결정하는 것, 그것은 당신의 마음의 태도이다. 부를 생각하면 부를 끌어들인다.

⑥ 당신의 주위에는 무수한 기회가 있다. 조류에 거슬러 헤엄치는 것을 그만두고, 시대의 흐름에 맞추어 살라. 당신의 잠재의식 속에는 헤아릴 수 없는 아이디어가 숨어 있다. 그 중의 어떤 아이디어는 돈으로는 환산할 수 없는 것도 있을 수 있다.

⑦ 당신 속에 있는 무한한 보고에 맞닿는 놀라운 방법은 다음과 같이 긍정하는 것을 습관으로 삼는 일이다.

"신은 지금 내가 필요로 하는 모든 것을 보충해 준다."

그러면 마침내 신기한 일이 일어난다.

⑧ 가난은 마음의 병이다. 대담하게 "무한한 부가 나의 생활을 충분하게 채워 준다. 하늘의 부에는 언제나 남음이 있다."는 확신을 가지고 부르짖으라.

⑨ 당신 속의 보고인 잠재의식은 당신이 참으로 믿어 버린 일에 대해서는 생각지도 않는 방법으로 반응을 나타낸다.

⑩ 사고思考는 눈에 보이지 않는 비물질적인 힘이지만, 그것을 사용해서 자본을 만들 수 있다.

⑪ 견인 법칙은 당신이 얻고자 하는 모든 것을 끌어당긴다. 다만 그것은 당신의 사고와 같은 성질의 것에 국한된다. 당신의 신변이나 경제 상태는 사물을 대하는 당신의 습관적인 사고 방식의 완전한 반영과 다름이 없다. 생각하는 것이 곧 세계를 지배한다.

06

당신의 마음 속에
증가와 증대 관념을 심으라
You infinite power to be rich

고린도 사람에게 보낸 첫째 편지 제3장 6절에 이렇게 적혀 있다.

"나는 심었고, 아볼로는 물을 주었을 뿐이요, 하느님이 자라게 하셨습니다."

증대는 모든 사람들이 바라고 구하는 것이다. 그 소망은 사람 안에 사는 신이 각자 생활의 여러 국면에서 보다 충분한 표현을 구하고 있는 충동의 표현이다.

'풍족하게 성장하고 싶다. 나를 확충하고 진보시키고 싶다.'고 생각하는 당신의 소망은 당신이라는 존재의 근본적인 충동이다. 당신은 당신 주위의 교우 관계를 더욱 폭넓게 하고 싶다고 바란다. 그리고 보다 좋은 음식과 옷과 자동차와 집을 구하여 화려한 생활을 즐기고 싶다고 생각하고, 다른 사람들도 그랬으면 좋겠다고 바란다.

또다시 더욱 여행하고 싶다, 내적인 힘에 관해서 더욱 배우고 싶다, 아름다움을 맛보는 높은 수준에 도달하고 싶다고 생각한다. 그리고 멀지 않아 더욱 풍부한 생활을 영위하고 싶다고 바란다.

땅에 보리를 뿌리고 물을 준다고 하자. 그것은 헤아릴 수 없을 정도로 불어난다.

마찬가지로 당신이 사상·감정·상상의 형태로 마음 속에 심는 것은 아무 것이나 객관화로 향해서 증대된다.

증대란 당신의 재산이 증가하는 것, 처음의 계획이나 사고가 진보하는 것을 뜻한다. 만약 어떠한 행동도 취할 수 없었다면 말할 나위 없이 어떠한 증대도 일어나지 않을 것이다.

당신 마음에 증가와 증대 관념을 심으라. 그러나 당신의 의식하는 마음만으로는 그것을 해낼 수 없다. 그 증대를 가져다 주는 것은 신—잠재의식—이다.

마음 속에 선명한 그림을 그리고 출발하라

'일상 생활의 심리학'의 강연가이며, 세계적으로 유명한 핸리 게이즈 박사의 부인 올리브 게이즈 박사가 자신의 남편에 관해서 흥미 있는 일화를 이야기해 준 적이 있다.

어느 날 게이즈 박사는 그 무렵 여전히 젊은 신사였으며, 시카고에서의 마음의 법칙에 관한 강연을 할 예정이었기 때문에 영국에서 왔다.

그의 호텔은 시카고에 있는 오페라 극장과 가까웠는데, 창문 너머로 밖을 내려다보았더니 마침 오페라 극장의 낮 공연이 끝난 때로서 많은 사람들이 나오는 것을 직접 볼 수 있었다.

그는 자신에게 이렇게 들려주었다.

"나는 마음의 법칙에 관해서 많은 사람들을 수용할 수 있는 오페라 극장에서 강연을 하려 한다. 신은 나를 축복한다. 그러고 나서 나의 이야기에 귀 기울이는 모든 사람들에게 신은 풍부한 은혜를 밀어 넣어서는 흔들고, 넘쳐 날 때까지 양을 증대시킨다."

게이즈 박사가 오페라 극장의 매니저를 만나러 갔을 때, 그는 겨우 1백 달러밖에는 가지고 있지 않다고 말했다.

그것이 '일상 생활의 심리학' 강연을 하기 위해서 오페라 극장을 빌리는 데 할당된 전액이었다. 그 말을 듣자 매니저는 소리 내어 웃었다.

게이즈 박사가 열심히 마음의 법칙에 관해서 이야기를 하자 매니저는 그 이야기에 상당한 흥미를 가졌으며, 박사가 예정하고 있는 일련의 강연을 위한 오페라 극장의 대여료 수천 달러를 모으기 위해서 1주일 동안의 유예를 박사에게 주었다.

그 1주일 동안 게이즈 박사는 다음과 같이 계속 긍정했다.

"신은 나에게 증대를 가져다 준다. 나의 생각은 좋은 것이다. 그것은 모든 사람들을 축복한다. 신은 그것을 확대하고 증대한다."

그런 어느 날 게이즈 박사는 시카고의 억만 장자 맥코믹 씨와 만났다. 맥코믹 씨는 게이즈 박사가 설명하는 마음의 법칙에 비상한 관심을 가지고 박사를 위해서 11명의 백만 장자를 불러 파티를 열어 주었다.

그 자리에서 게이즈 박사는 그들에게 마음의 힘에 대해서 이야기했다. 그러자 백만 장자들은 각각 게이즈 박사에게 많은 액수의 기부금을 내겠다고 약속했다. 게이즈 박사는 그것으로 극장 대여료와 광고비 등 필요한 경비를 모두 지불할 수 있었다.

게이즈 박사의 꿈은 현실로 이루어져 몇 주일 전 그가 묵고 있었던 호텔 방 창문을 통해서 밖을 내다보면서 상상한 그 광경과 똑같이, 박사가 강연한 후 수많은 군중이 오페라 극장에서 나오는 것을 볼 수 있었다.

게이즈 박사는 마음 속에 선명한 그림을 심어 두고 있었다. 그것은 목적이 이루어진 것을 예견하고, 평안과 기쁨의 감정에 젖으면서 그려진 그림이었다. 그는 또한 신이 그 증대를 자신에게 준다는 것을 알고 있었다.

끊임없이 증대를 확신한 어느 여교사의 성공

나의 강연을 자주 들으러 오던 한 선생의 이야기이다. 그 여 선생은 담당하고 있는 학급 아이들의 일부가 말을 잘 듣지 않아서 그들에게 진저리를 내고 있었다.

그러던 어느 날 그 선생이 다음과 같은 것을 시험했는데, 놀라울 만한 결과가 나타났다.

매일 아침 수업을 시작하기 전 15분 동안 그 선생은 혼자가 되어 마음을 가라앉히고 다음과 같이 긍정했다.

"나는 신의 창조적 중추이다. 나는 모든 학생들에게 사랑과 지혜와 이해의 증대를 준다. 나는 지금 개개인의 학생에게 진보와 성장의 관념을 심어준다. 학생 개개인은 재빨리 그것을 배운다. 그들은 서로 사이좋게 지내고, 솔직하고 매우 협조적이다. 내 학급의 아이들은 모두가 아주 우수하다는 것을 나는 굳게 믿고 있다. 나의 이 확신이 그 아이들의 잠재의식에 심어진다. 지금도 심어지고 있다."

그 이후 최근 몇 년 동안 그 선생은 그녀의 학급이 규율적이라고 거듭

칭찬을 받았으며, 학급 성적은 뜻밖으로 우수했다.

최근에 그 선생은 다른 학교로 옮겨 갔고 봉급도 많이 올랐다. 그 선생은 학생에게 주어지는 끊임없는 증대를 확신하고 있었는데, 결과적으로 자기 학생들의 증대를 기도할 때, 신은 학생들과 마찬가지로 자신에 대해서도 풍부한 은혜를 내려 준다는 것을 알고 있었다.

그 선생은 책상 위에 다음과 같은 좌우명을 써 두고 있다.

"나에 대해서 바라는 것을 모든 사람들에게도 바란다."

그것은 그 자신을 위해서 대단히 좋은 일이었다.

가난한 목수가 고층 빌딩 건설자가 된 이야기

최근에 애리조나의 피닉스에서 제이콥 소바 박사가 주재하는 처치·오브·디바인·사이엔스 등에서 강연을 했다.

곁들여 말한다면 이 소바 박사는 그전에 유태교의 저명한 랍비였지만, 지금은 마음의 법칙을 이야기하는 초교파超敎派의 교회를 주재하고 있는 사람이다.

그 곳에서의 강연 기간 중에 어떤 유복한 사람과 이야기를 했다.

그는 20년 전 그 사막의 도시에서 이따금씩 목공일을 하면서 산 근처의 밝고 보잘것없는 오두막에 살고 있었다.

그런데 어느 날 그는 뉴욕에 있는 것과 같은 고층 빌딩을 세우고 싶다는 욕망에 사로잡히게 되었다.

그는 자신에게 이렇게 들려주기 시작했다.

"나는 점점 부자가 된다. 나는 다른 사람들을 부자로 만들려고 한다. 나는 모든 사람들에게 은혜를 베풀려고 한다."

그 목수가 긍정적으로 마음의 태도를 바꾸자, 얼마 후 그를 원하는 사람들이 잇따라 찾아왔다. 그 목수의 일이 너무나도 갑자기 늘어났기 때문에 그는 보조를 몇 사람 고용해야만 했다.

그 동안 그는, 건강상의 이유로 동부에서 이사를 온 어느 재산가의 주문을 받아 집 한 채를 지었다. 그 집이 매우 훌륭하게 지어진 것을 보고 감탄한 재산가는 그와 계약을 맺고 자기는 약간의 중개료를 벌면서, 그가 일을 맡도록 하는 비즈니스를 시작했다.

후에 재산가가 죽었을 때, 그는 목수에게 두 사람이 해 왔던 비즈니스의 모든 소유권을 넘겨 주었다. 오늘날 이 목수는 백만 장자가 되었고, 이미 고층 빌딩을 몇 개 세우고 있다.

이 목수가 그렇게 한 것처럼, 당신도 지금부터 풍부한 감정을 품기 시작하라. 그렇게 하면 생각지도 않았던 부가 모든 방면에서 당신을 향해서 밀어닥치게 될 것이다.

그리고 당신은 지금의 비즈니스를 보다 큰 기업체로 확대시켜 갈 수 있게 되고, 전진하고 상승하기 위한 계획에 필요한 모든 부를 불가피하게 받게 될 것이다.

당신이 지금 어떠한 입장에 놓여 있으며, 무슨 일을 하는가 따위는 문제가 안 된다.

당신이 변호사·화학자·속기사·비서·택시 운전사·종교가 등 그 입장이나 일에 관계 없이 마음의 법칙은 모든 사람들에게 해당된다.

당신이 만약 사람들의 부와 건강과 행복을 바라고 거기에 마음의 초점을 맞춘다면, 그러한 것은 무의식 중에 마음 속에서 깨닫게 된다. 그리고 당신은 그것과 같은 풍부함을 우주의 견인의 법칙에 따라 끌어당기게 될 것이다.

그래서 당신은 점점 더 풍부하게 되고, 정신적으로나 물질적으로 번영하게 된다.

환자가 늘어나게 하는 증대의 기도문

내가 아는 젊은 의사가 아주 희한한 성공을 거두어 동료들을 놀라게 했다. 환자가 밀어닥쳐 장사진을 치고 있기 때문이다.

그의 이야기는 진료소를 열었던 첫날에 다음과 같이 기도했다고 한다.

"나는 사람들에게 생명의 증대를 안겨 준다. 신은 위대한 의사이며, 나는 신의 목적을 다 하는 수단이다. 신이 나를 통해서 병을 고친다. 내가 접촉하는 사람은 누구든지 기적처럼 회복된다. 나는 사람을 고치는 무한한 존재와 끊임없이 조화를 이룬다. 나의 성공과 달성, 그리고 생명의 풍부함에 대해서 신에게 깊이 고마워한다."

그는 지금도 날마다 이와 같은 방법으로 기도하고 있다.

그는 자기를 찾아오는 수많은 환자들을 모두 진료할 수 없어 다른 의사에게 소개해 주고 있는 실정이다.

마음의 전환이 이룬 기적

최근에 나는 "예배에 모이는 사람들이 요즘 50~60명으로 떨어졌다." 라고 하는 어떤 목사와 만나 이야기를 나누었다.

이 이야기에서 나는 목사에게 그 악화의 원인이 예배에 오는 사람들에게,

필요로 하고 요구하는 것을 주고 있지 않았던 데에 있다고 했다.

목사는 즉각 마음의 태도를 바꾸고, 사람들에게 만족스럽고 행복한 생활을 영위하려면 어떻게 하면 좋은가, 협조적인 인간 관계를 만들기 위해서는 어떻게 해야 하는가, 사랑하고 사랑을 받기 위해서는 어떻게 해야 하는가, 비즈니스는, 또는 여러 가지 일을 어떻게 하면 번영할 수 있는가, 건강하고 활력과 젊음을 유지하려면 어떻게 해야 하는가 등에 관해서 설명하기 시작했다.

목사 자신도 그것을 알고 있었지만, 생활의 일부로서 잘 이해하고 있다는 것을 제외하고, 다른 사람들에게 이와 같은 성질의 이야기를 할 수 없었다. 목사는 이것에 관해서 설교하는 것을 연습하고, 생명의 법칙에 대해서 역설했다.

그 후 3개월이 지났다.

그의 교회에는 5백 명이나 되는 사람들이 모이게 되었고, 사람들은 그에게 고백했다.

"여쭙고 싶었던 이야기를 해 주십니다. 우리들은 새로운 사람을 맞이했습니다."

당신의 진가를 인식하라

자기가 하는 일에 대하여 "진보하거나 승진할 턱이 없고……."라고 말하는 사람이 흔히 있다.

그 이유는, 일하고 있으니까 자기가 향상할 여지가 없다든가, 급료가 어떤 일정한 표준에 고정되어 있다는 등 여러 가지였다.

이것은 당연하면서도 진실이 아니다. 당신은 어떠한 생활 환경에 놓이더라도 마음의 법칙을 사용해서 지위를 높이고 발전해 갈 수 있다.

그 비법은 당신이 장차 어떠한 사람이 되고 싶은가를 결정하고, 그 명확한 마음의 그림을 구성화하고, 당신을 지탱하는 잠재의식의 힘을 알고, 당신이 바라는 사람을 향해서 단호한 방침을 정하여 쉼없이 부지런히 나아가는 것이다.

그래서 잠재의식 속에서 그 마음의 그림이 힘차게 키워져 바야흐로 당신의 경험으로 객관화된다는 것을 확신하는 것이다.

당신이 지금 하고 있는 것에서 기쁨을 느끼고, 최대한 최선을 다 하라. 마음이 따뜻하고, 친절하고, 상냥하고, 선의에 넘치는 사람이 되라.

크게 생각하라, 풍부한 부에 대해서 생각하라. 그러면 당신의 일은 반드시 승리와 성공을 위한 도약의 발판이 될 것이다.

마음의 부를 깨달으라. 당신의 진가를 인식하라. 그래서 당신이 날마다 만나는 한 사람 한 사람을 위해서, 즉 당신의 상사·동료·고객·친구, 주위의 모든 사람들에게도 풍부한 부를 바라라.

마침내 당신은 자기가 눈에 안 보이는 부를 사람들에게 주고 있다는 것을 느끼기 시작하게 될 것이다.

얼마 후 무한한 예지가 당신을 위해서 새로운 기회의 문을 열어 주게 될 것이다.

당신의 전진을 방해하는 것은 이 세상에 아무것도 없다. 만약 있다고 한다면 그것은 당신 자신일 것이다.

즉, 그것은 당신이 품고 있는 부정적인 생각과 당신 자신에 관한 부정적인 개념이다.

당신이 발전을 바라고 그것을 마음에 그릴 때, 차원 높은 부와 지위와 위엄과 신용에 연결되는 좋은 기회가 당신에게 나타난다면, 그리고 당신이 만약 그것을 받아들여야 한다고 마음 속에서 느꼈다면 주저할 것 없이 받아들이라.

그것은 보다 발전적인 좋은 기회를 향하는 첫걸음이 될 것이다.

다만 지금보다 눈부신 발전을 계속하는 생활로 접어들고, 신의 풍부한 부를 경험하라.

나의 재력은 언제나 증가하고 있다

어떤 여성이 나한테 자신의 남편에 관해 상담을 해 왔다.

그녀의 남편은 자기에게 충분한 돈이 없을 뿐만 아니라, 정부가 하는 일이나 조세에 관한 제도, 그리고 사회의 구조에 관해서 줄곧 비난을 하고 있다는 것이다.

나는 그녀의 남편과 이야기를 해 보았는데, 그녀의 남편은 자기를 그러한 사회 조건의 희생자라고 생각하고 있었다.

사실은 그 자신이 그의 입장을 지배하고 있는 주인인 것이다.

이야기를 하고 있는 동안 그는 자기 신변의 상태를 바꾸기 위한 창조적 계획을 본인 스스로가 세우며, 자신은 신의 왕국의 한 시민이라는 것 등에 관해서 깨닫기 시작했다. 다음은 그가 외운 매일매일의 마음의 법칙이다.

"증대의 법칙은 필연적이다. 나의 마음은 끊임없이 풍부한 증대를 위해서 준비하고 있다. 나의 비즈니스는 성장·발전·확대를 완수하고, 나의 재력은 언제나 증가한다. 나는 내적인 무한한 보고로부터 정신적으로든 물질적으로든 풍부한 부를 공급받고 있다. 나의 마음은 신의 윤택으로 채워지고, 안과 밖 양쪽 모두 점점 풍부해진다."

그가 이러한 내적인 진실을 마음으로 키우고 있는 동안에 그의 외적인 생활은 눈에 띄게 풍부해졌다.

그는 현재 자기가 비즈니스를 영위하고 있으며, 그것은 매우 번성하고 있다.

요약

① 증대는 모든 사람이 바라고 요구하고 있는 것이다. 그것은 당신을 통해서 표현되기를 요구하고 당신에게 한층 더 차원 높은 수준으로 향상해 가도록 촉진시키는 신의 충동이다.

② 상상의 그림을 당신의 마음에 심으라. 기쁨과 평안의 감정으로 그리라. 그리고 그 이야기의 행복한 결말까지 만들어 내라. 그러면 당신은 얼마 후 기도가 이루어지는 행복한 기쁨을 맛보게 될 것이다.

③ 당신은 창조적 중추이다. 당신은 모든 사람들에게 사랑과 지혜와 이해의 증대를 가져다 줄 수 있다. 다른 사람에게 가져다 주는 것에 의해서 다른 사람으로부터 받고, 그리고 당신의 생활에 기적이 일어난다.

④ 당신의 마음 속 깊이 다음의 말을 진심으로 새겨 두고, 이것에 확신과 기대를 동화시키라.

"나는 점점 더 풍부해진다. 나는 사람들을 풍족하게 한다. 그리고 모든 사람들에게 행복을 안겨 준다."

이것이 부에 이르는 왕도이다.

⑤ 사고의 작용 속에서 다른 사람의 증대를 바라라. 당신은 신의 사랑과 진리와 미와 부를 사람들에게 안겨 주는 수단임을 깨닫고, 그것들이 사람들에게 끊임없이 흘러드는 것을 기도하라. 그러면 당신은 훨씬 더 많은 부와 친구, 고객과 의뢰자, 놀라울 만한 경험, 그리고 사건을 몸에 붙이게 될 것이다.

⑥ 당신이 만약 종교가라면 사람들에게 풍부한 생활에 관해 이야기하고, 어떻게 해서 그것을 실현하는가를 설교하라. 그들에게 번영의 법칙과 행복과 기쁨에 넘쳐 성공에 빛나는 생활학生活學에 관해서 가르치라. 당신의 모임 장소에는 비어 있는 자리가 없어질 것이다.

⑦ 좋은 기회가 언제나 당신의 문을 두드리고 있다. 당신이 장차 어떠한 사람이 되고 싶은가를 결정하고, 그 명확한 마음의 그림을 구상화하라. 그리고 마음으로 그것을 느끼고, 잠재의식의 힘이 그것을 실현하는 것을 확신하라. 이것이 지금 당신의 손 안에 있는 좋은 기회이다.

⑧ 당신이 욕을 해도 좋아할 사람은 아무도 없다. 있다고 하면 그것은 당신 자신이다. 정부, 세금, 경쟁이 심한 사회 기구, 세상 형편 등에 대해서 욕하는 것을 그만두라.

⑨ 당신은 무한한 부의 왕국의 시민이다. 넓게 생각하고 풍부한 것을 마음에 그리라. 그리고 풍부하게 느끼라. 그러면 견인의 법칙이 당신의 뒤를 전부 이어받아 줄 것이다.

07

당신의 인격이
당신의 인생을 지배한다

You infinite power to be rich

"**내가** 땅에서 들리면 모든 사람들을 내게로 이끌겠노라."

〈요한복음〉 제12장 32절

이것은 성경의 다른 서술과 마찬가지로 순수하게 심리학적이고 정신적인 것으로서 우리들에게 빈곤과 여러 가지 병고病苦와 결핍과 구속으로부터 자기를 끌어올리고 향상시키기 위해서 어떻게 하면 좋은가를 박력 있고 간단하게 설명하고 있다.

자기를 보다 높이 향상시키기 위해서는 먼저 소망을 높이고, 그리고 그 실현을 강하게 확신할 수 있어야만 한다. 그 때 당신의 소망이 객관화된다.

그 때까지 잠자고 있던 육체적 감각이 새로운 발견을 당신에게 알려 줄 것이다. 그리고 당신은 내적인 무한의 존재와 힘을 만나게 된다. 거기에 당신 마음의 닻을 내리라. 그 무한의 존재는 당신에게 대답할 수 있다.

당신이 그 신적 힘을 불러일으킬 때 비로소 그것은 당신에게 대답한다. 거기서부터 보통의 육체적 감각을 초월하는 용기와 신념과 강한 힘과 예지를 받으라. 그리고 당신은 보다 높이 향상되고, 낡은 감정은 없어지고, 새로운 감정이 생겨 당신을 둘러쌀 것이다.

얼굴을 찡그리는 상태에서는 부를 나타낼 수 없다.

당신의 미래 모습을 응시하고, 그 실현성을 완성시키라. 그러면 당신은 모든 장해와 어려움을 극복하고 전진할 수 있게 될 것이다.

위안이 되는 신적인 힘에 대해서 묵상한다면 마음 속에 잠겨 있는 공포의 그림자는 자동적으로 안개가 되어 사라질 것이다.

이것은 흔히 있을 수 있는 일이지만, 우연에 의지하여 빈곤과 암흑에서 일시에 부와 영예와 명성을 얻는 것을 바라면 안 된다.

다음과 같은 단순한 진리를 깨달으라.

'당신은 항상 당신의 인격을 실증하고 있다. 당신의 인격이 당신의 인생을 지배한다.'

부지런함을 키우고 정열을 불태우라

당신의 에너지와 재능과 능력을 해방시키라. 내적인 힘에 대해서 다시 배워야 하며, 부지런함을 키우고 정열을 불태우라.

그러면 당신은 놀랄 만한 위대한 높이까지 자기를 고양시킬 수 있다. 정열적이며 확신에 차고 진취적 기상으로 황금률을 실천하여 정확한 판단을 내리는 사람들은 우연의 행운이나 특정한 조직체와의 연결 유무에 상관없이 인생을 성공으로 이끈다.

당신의 성격과 태도가 당신의 성공과 실패를 결정한다. 이것은 당신 개인의 진리임과 동시에 당신의 비즈니스, 당신이 속해 있는 사업체, 그리고 당신의 나라에 대해서도 적용 가능한 진리이다.

당신이 만약 자기를 향상시키고, 평범함에서 벗어나고 싶다면, 당신이 바라는 것을 신에게 요구하라.

그러면 신은 당신에게 대답할 것이다, 바라는 것을 밤낮으로 심사 숙고하여 잠재의식 속에 그것을 흔들리지 않은 상을 세우라고.

정신의 칼날을 잘 갈아두라

당신 자신을 키우고 고양시켜 당신의 내적인 신성을 발견하라. 어렵거나 곤란한 문제에 부딪치면 쩔쩔 매지 말고 그것에 도전하여 맞서고, 그것들과 싸워 이기라.

기쁨은 싸워 이기는 데에 있다. 어떠한 수수께끼도 너무 쉽게 풀게 되면 재미가 없다.

다리를 건설하는 엔지니어는 장해와 실패와 곤란과 싸워 이겨서 깊은 기쁨을 맛본다.

지혜와 힘과 이해력을 가지고 부를 키워가는 동안 끊임없이 정신의 칼날을 잘 갈아두는 것을 게을리해서는 안 된다. 당신이 그것을 게을리할 때 당신은 자신 속의 내적인 힘을 살릴 수 없다.

당신의 아이가 어리다면, 당신에게 무턱대고 의존하는 태도를 길러 주어서는 안 된다. 당신의 아이가 적당한 나이가 되면 그에게 잔디 깎는 것을 가르치라.

신문 파는 방법을, 심부름값 주는 방법을 가르치라. 아이에게 근로의 거룩함을 가르치고, 이웃 사람을 위하여 잔디를 깎아 주고 얻거나, 신문을 팔아 얻는 돈에 대해서는 아이 자신이 일을 잘 했기 때문에 얻는 것이라는 사실을 가르쳐 주라.

이것은 당신의 아이가 일을 해 낸, 다른 사람에게 봉사를 하고 다른 사람에게 도움이 되었다는 점을 자랑스러워하게 될 것이다. 또한 그것은 당신의 아이에게 자신감을 심어 주는 역할도 하게 된다.

그에게 또한 다른 사람의 착한 일을 올바르게 평가하는 태도를 습관화시키고, 스스로도 그렇게 실천할 수 있는 용기를 부여하라.

그러면 당신의 아이는 끊임없이 자기의 향상에 부지런한 사람이 되고, 결코 다른 사람에게 응석을 부리거나 훌쩍훌쩍 울거나 불평하는 일은 없을 것이다.

당신의 아이는 자기가 얻은 돈의 가치를 이해하고 소중하게 여기지만, 당신이 아무 이유 없이 준 돈은 오락이나 하찮은 놀이를 위해 낭비해 버린다.

다른 사람을 도울 때는 주의해야 한다

다른 사람에게 물건을 줄 때에는 매우 주의해야 한다.

예를 들어, 아이의 경우, 그것이 그 아이의 성장과 발전의 기회를 빼앗는 것이 되면 안 된다. 돈이나 도움을 너무 간단히 자주 받는 아이는 자기 발견이나 자기 계발을 하기보다는 다른 사람에게 의지하는 편이 훨씬 편하다고 생각한다.

그 아이에게 지속적으로 도움을 주면 마침내 아이의 인간성은 파괴되고 만다. 아이의 특성을 약화시키거나 파괴시키는 일을 그만두고, 아이 스스로가 장해를 극복하여 자기의 힘을 발견할 기회를 직접 주라. 그렇지 않으면 당신은 아이를 약한 소리만 내뱉고, 끊임없이 도움을 받아야만 할 것 같은 연약한 인간으로 만들어 버릴 것이다.

어떤 여성이 먼 곳에서 찾아온 친척 청년을 위해서 냉장고를 가득 채우고 있었는데, 나는 그녀의 행동을 제지했다.

그녀의 태도는 이러했다.

"톰은 불쌍해요. 톰이 낯선 도시에 왔기 때문에 이 곳에서 어떻게 살아야 하는가를 잘 몰라요. 일자리를 찾는다고 해도 그로서는 대단한 일이에요."

그녀는 친척 청년이 살고 있는 집세를 대신 지불하고 있었다. 뿐만 아니라 식료품을 사 주고, 일을 찾을 때까지 용돈을 주어야겠다는 것이다.

만약 그렇게 한다면 그 청년은 언제까지나 일자리를 얻지 않을 것이다. 오히려 그 청년은 일자리가 없는 것을 다행이라 생각하고 그녀에게 응석을 부릴 것이다. 그것뿐이라면 그래도 괜찮다. 그런데 그 청년은 그녀에게 더 많이 도와 달라는 말을 한 후 화를 냈다는 것이다.

그녀는 크리스마스 만찬에 그 청년을 초대했다. 그 때 그 청년은 은으로 만든 그녀의 그릇 대부분을 훔쳤다.

그녀는 울면서 말했다.

"어째서 톰이 이런 일을 저질렀을까요? 해 줄 만한 것은 무엇이나 다 해 주었는데 말이에요."

그녀는 분명히 생각이 부족했다. 그녀는, 청년이 진실한 곳, 신적인 곳으로 인도되어야 한다는 것을 깨닫지 못했으며, 또한 그 청년에게 하늘의 부를 정신적으로 감싸 주지 못했다. 비유적으로 말하면 그 청년에게 누더기를 걸치게 해 주었던 것이다.

그 청년은 무의식 중에 이것을 포착하고, 그녀에게 돈이나 물건을 내놓으라고 위협하고 있었던 것이다.

배고픔과 결핍과 곤궁에 허덕이는 사람을 돕기 위한 준비는 마땅히 있어야 한다. 그것은 올바른 일이며, 착한 일이다. 그렇지만 이 때 주의해야 할 것은 그 사람을 기식자寄食者로 만들지 않아야 한다는 점이다.

당신의 도움은 언제나 신적 인도에 입각한 것이어야 하고, 또한 당신이 그를 돕는 목적은 그 스스로 자신을 돕는 것이어야 한다.

다른 사람에게 어디에 생명의 부가 있는가, 어떻게 하면 자신감을 갖게 되는가, 사람들에게 공헌하려면 어떻게 하면 좋은가를 가르치라. 그러면 그 사람은 결코 다른 사람에게 한 스푼의 수프나 헌옷 따위를 베풀어 줄 것을 빌지는 않을 것이다.

"너희가 박하와 회향과 근채의 십일조를 드리되 율법의 더 중한 바 의義와 인仁과 신信은 버렸도다. 그러나 이것도 행하고 저것도 버리지 말아야 할지니라."

〈마태복음〉 제23장 23절

우리들은 모두 도움의 손을 즐겨 내밀려 한다. 그러나 상대의 게으름과 무신경과 무관심 등을 감싸주는 원조는 잘못된 것이다.

품성이 당신 운명의 힘이다

우리들 모두는 세상의 번영을 위해서 각각의 문제를 해결하기 위해 힘을 다 해야 한다. 각자의 재능과 능력을 다 해서 사회를 위해 어떤 형태로든 공헌해야 한다.

그런데 세상에는 몸이 튼튼하면서도 남이 도와 줄 것을 바라는 직업을 가진 사람들이 많다. 그들은 당신이 베풀어 주는 한 결코 일을 하려 하지 않을 것이다. 기식자로서 다른 사람에게 의지할 뿐이다.

그 중의 몇 사람은 그 도움으로 돈을 모아 호화스러운 집이나 자동차를 소유하는 경우도 있다. 런던이든 뉴욕이든 어디나 그런 사람은 있다.

어떤 사람에게나 아직 채 발견되지 않은 재능과 힘과 부가 숨어 있다. 각자에게는 그것을 계발할 책임이 있다. 아이들에게는 사회에 대한 그들의 책임을 자각하게 해야 된다.

우리들은 생명이 흘러가는 인류의 일부이다. 당신이 어떠한 일을 하더라도 당신이 가진 몫을 다 해야 된다. 생명은 신념과 용기와 인내와 근성에 보답한다.

장해를 이겨 가는 동안에 당신의 품성은 고양되어 간다. 그 품성이 당신 운명의 힘이다.

모든 것은 당신 속의 정신 세계에서 얻어진다

정부나 다른 사람에게 의지하지 말고 당신 내부의 힘에 의지하라. 정부는 먼저 당신에게 의지하는 것이 아니면 당신을 위해 아무것도 할 수 없다.

다시 어떠한 정부도 법률에 의해서 평화·조화·기쁨·풍부·보장·현명·이웃 사랑·평등·번영·선의를 정할 수는 없다. 그러한 모든 것은 당신 속의 정신 세계에서 얻어진다.

세상에는 자기의 이름·배후·관계·세습·용모 등에 지나치게 의존하는 사람들이 있다. 그러나 그와 같이 사는 사람들의 내면이 얼마나 공허한 것인가를 세상 사람들이 안다면, 그것으로 벌써 끝장이다. 그리고 그 사람들은 땅에 떨어진다.

내부에 있어서 지탱하는 힘이 아무것도 없기 때문이다.

신적神的 힘이 자기 속에 존재함을 알라

로스앤젤레스에 사는 어떤 회사의 중역 이야기이다. 그는 1929년에 있었던 주식 폭락으로 모든 것을 잃어버렸다. 그의 형도 마찬가지였다.

두 형제 모두의 재산이 백만 달러를 넘었다. 형은 그 막대한 손실을 고민하다가 끝내 자살해 버렸다. 모든 것을 잃자 이 세상 사는 의미가 없다고 판단했던 모양이다.

이 중역은 그 때 자신에게 이렇게 속삭였다.

"나는 돈을 없앴다. 그러나 그래서 어떻다는 거냐. 나는 건강과 훌륭한 아내와 능력과 재능의 혜택을 받고 있다. 다시 한 번 출발하는 것이다. 그래서 새로운 문을 힘차게 열자."

그는 팔뚝을 걷어붙이고 정원사가 되어 여기저기 뛰어다니면서 열심히 일했다. 그는 얼마쯤 돈을 모으자 다시 주식에 투자했다. 다행히 사두었던 주식이 엄청나게 올라 그는 또 재산을 만들 수 있었다.

그는 또한 다른 사람에게 조언을 해 주고, 여러 사람들에게 각각 얼마쯤의 재산을 만들어 주기도 했다.

그는 자신이 자신을 향상시킨 것이다. 그것은 그가 어려움에 직면했을 때, 그 해답과 거기에서 빠져나가는 방법을 알려 준 신적 힘이 자기 속에 존재하고 있다는 것을 알았기 때문이다.

그는 자기 속에 정신적 예비군에게 움직일 것을 명령하고, 힘과 용기와 지성과 그 인도를 얻은 것이다.

밖을 보지 말고 안을 보라

"하느님을 가까이하라. 그리하면 너희를 가까이하시리라."

〈야고보서〉의 편지 제4장 8절

이것은 무한한 지성이 당신에게 대답하려 하고 있어, 그것은 당신이 부를 때 대답한다는 것을 의미하고 있다.

"나와 아버지는 하나이니라."

〈요한복음〉 제10장 30절

즉, 당신과 신은 하나이다.

정부나 토지나 주식이나, 또는 친척이나 다른 사람에게 의존해서는 안 된다. 당신을 언제나 지키고 지탱해 주는 내적인 신의 힘에 신뢰를 두라.

밖을 보지 말고 안을 보라. 당신이 만약 외부의 도움을 구한다면 당신은 내적인 부를 부정하는 것이 되며, 자신의 힘과 현명함과 지성을 손해 보게 된다.

당신 속의 무한한 힘을 인정하고, 위엄을 가진 정신적인 존재인 당신 자신을 믿으라. 다시 당신 속에 갇혀 있는 장대하고 화려한 반짝임은 개방되는 것이 당연하다는 진실에 대해서 묵상하라.

당신을 지탱하는 무한한 힘이 속에 있다는 것을 자각하고, 끊임없이 자신을 향상시키는 사람이 되라. 이 힘은 당신을 끌어올리고, 치유하고, 격려하고, 새로운 번영의 문을 열고, 새로운 아이디어를 주고, 오래 계속하는 깊은 평안을 당신에게 가져다 줄 것이다.

그것은 어제도 오늘도 내일도 영원히 변하지 않는 힘이다. 당신이 해야 할 것은 이 존재에 모든 신뢰를 두는 것이다. 따라서 그 힘을 믿어야 한다. 그러면 마침내 당신의 생활에 기적이 일어날 것이다.

향상하는 사람은 어려운 문제에 직면해서도 기가 꺾이지 않고, 자기 자신에게 이런 말을 들려준다.

"이 문제는 신적으로 풀 수 있다. 문제가 여기 있다. 그런데 동시에 신도 여기에 있다."

그래서 그는 이긴다. 그는 신념과 용기와 자신을 가지고 온갖 난국, 비즈니스의 문제, 기술적인 어려운 문제와 맞선다. 그리고 병이나 공포를 정복해 간다.

사람은 마음 속의 병病을 없애지 않는 한 육체의 병을 없앨 수 없다

속담에 "약한 병아리는 강한 병아리한테 쪼여 죽는다."라는 말이 있다. 학교에서도 개구쟁이가 약한 아이를 건드리는데, 건드림을 당하는 아이는 내면에 약한 점이 있다.

그러나 그가 건드리는 개구쟁이에 대해서 맞서고 도전할 때 상대방 아이는 일반적으로 물러서고 만다.

결코 자기 자신을 버리지 말라

신의 아들로서의 거룩함과 위대함을 느끼라. 그리고 당신에 대한 다른 사람의 모욕·비난·중상 등에 대해서 면역이 되어 있다는 것을 알라. 왜냐 하면 당신은 신과 하나이기 때문이다.

당신이 그 내부인 신적 존재를 찬미하고 사랑한다면, 모든 사람 ─ 예를 들어, 당신의 적이라고 불리는 사람이 있다 해도 그 사람까지 ─ 이 당신에게 착한 일을 하지 않고는 못 견디게 될 것이다.

고통을 마음에 받아들이기 전에 거부하라. 어떠한 상태에 빠지더라도 결코 자기를 버려서는 안 된다.

당신은 초인간적인 존재이다. 모든 환경과 조건을 극복하여 당신은 정신적으로 자신을 고양시킬 수 있다.

에이브러햄 링컨은 당시 각료의 한 사람인 국방장관이 자신을 일컬어 '무지한 오랑우탄'이라 모략하고 중상했을 때, "그는 건국 이래 가장 위대한 국방장관이다."라고 말했다.

그 누구도 링컨을 중상할 수는 없었다. 링컨은 자기가 강하다는 것을 알고 있었다. 또한 링컨은 다른 데에서 영향을 받아 자신의 마음이 땅에 떨어져 버리는 것을 용서하는 일만 없으면, 그 누구든 자신을 끌어내릴 수 없다는 것을 알고 있었다.

링컨은 자기를 향상시키는 사람이었다. 그것은 그 자신뿐만 아니라 그에게 내재했던 신성의 자기까지도 고양시키는 사람이었다는 의미이다. 그것으로써 그는 나라 전체를 향상시키는 강점을 얻은 것이다.

당신의 빛나는 본질을 찾아내라

당신이 사람들을 정신적으로 고양시키거나 돕기 전에, 먼저 자기의 지성과 이해력을 고양시켜 둘 필요가 있다.

당신은 자기가 가지고 있는 것 이외에는 다른 사람에게 줄 수 없다. 종종 가두 연설이나 독선적인 말을 내뱉는 사람들은, 단순히 자기의 결점이나 결함을 남에게 투영하고 있음에 지나지 않는 경우가 있다. 맹인이 맹인을 인도할 수는 없다.

당신은 자신을 자랑할 수 있는 존재라고 생각해야만 된다.

당신의 진실한 자기는 신이다. 당신에게 내재하는 신적 존재를 고양하고 숭배하라. 그렇게 함으로써 당신이 자신을 그만큼 거룩한 존재라고 생각할 때 당신은 비로소 이웃 사람을 사랑하고 존경할 수 있다.

즉, 당신이 참으로 신을 사랑할 때 당신은 모든 사람들에게 선의를 베풀 수 있게 된다.

> 신은 들어 주십니다. 말씀하세요.
> 그러면 신성과 정신은 하나가 됩니다.
> 신은 숨결보다 가까이
> 당신의 손발보다 가까이에 있습니다.
>
> 테니슨

당신의 마음 속 깊이 오랜 영예에 빛나는 본질을 찾아내라. 당신의 진실한 빛을 반짝이게 하라. 당신의 약점과 결점과 부족을 보충하는 신의 사랑이 당신에게 흘러 들도록 하라.

향상하는 사람은 자기 속에서 신을 발견하고, 그 존재를 자기의 방으로 삼음으로써 흔들리지 않는 감정을 얻는다.

향상하는 사람은 신에게 결점이 없기 때문에 자기가 모든 것에 이겨 전진할 수 있음을 알고 있다. 그리고 자기가 신과 하나이기 때문에 무슨 일에나 좌절되거나 자신을 잃어버리는 일이 없다.

향상하는 사람이 되라

향상하는 사람은 다음과 같이 긍정한다.

"신이 이 소망을 나에게 주었다. 신의 지혜가 그 달성을 위해서 완전한 계획을 밝혀 준다."

이것은 모든 좌절감을 흩어지게 해 준다.

우리들은 모두 서로 의존하고 있다. 당신은 의사·변호사·심리학자·목수 등을 필요로 할 때가 있을지도 모른다. 또한 그와 같은 사람들이 당신을 필요로 할지도 모른다.

우리들은 서로가 서로를 필요로 하고 있다. 그러나 잊어서는 안 될 일은, 우리들 개개인이 내적 신을 고양시킬 것, 그리고 개개인이 자유로이 빛나고, 기쁘게 번영하는 신의 아름다운 모습을 발견할 수 있게 애쓰지 않으면 안 된다.

향상하는 사람이 되라. 그리고 사람들 속에 있는 신성을 우러르라. 당신은 먼저 자기 속의 신성을 존중하고 숭앙하는 것으로써 다른 사람의 신성을 우러러볼 수 있게 된다.

그래서 사람들을 위풍 당당함과 명예로 감싸고, 빛나는 신의 사랑으로 아름답게 장식하라.

구하라. 그러면 나무들이 말하고, 들이 말하고, 시냇물이 노래하는 것을 알게 될 것이다. 신은 모든 물건 속에, 모든 사람들 속에 있다.

향상하는 사람은 이 낡은 비유가 진리라는 것을 알고 있다.

"당신이 보는 것에 당신은 다가간다. 티끌을 보면 티끌에 다가간다."

모세는 황야의 뱀을 일어서게 했으므로, 사람의 아들이 자기를 향상시키지 못할 리가 없다고 했다. 성경에서 아들은 표현을 의미하고, 사람은 마음을 의미한다.

낙담하고, 의기 소침하고, 혹은 공포에 떨 때는 당신에게 내재하는 신의 개념을 높이라. 당신의 마음은 신의 무한한 마음의 일부이다.

당신의 안에는 정신이 있다. 이것을 사람의 차원으로 말하면 기분, 혹은 감정이다. 바꾸어 말하면 당신 안의 눈에 보이지 않는 부분은 신이라는 것이다.

낙담을 하게 되면 꾸물거리며 기어다니거나 위축되어서, 환경의 소용돌이에 말려 그늘에서 지내려 하거나 살아 있는 일에 대해서 변명하려 하는데, 그 모든 것을 그만두라. 그 때는 새로운 것을 꾀하고 새로운 당신의 청사진을 만들라.

기도가 소망대로 이루어진 기쁨

〈민수기〉의 한 구절에서는 이렇게 말하고 있다.

"모세는 청동으로 뱀을 만들고, 그것을 막대기 위에 걸어 두었다. 뱀에게 물린 자들은 모두 그 청동뱀을 우러러보고 살았다."

아무리 뛰어난 사람도 이 이야기의 말뜻만으로는 해석할 수가 없을 것이다.

성경은 내적인 심리적·정신적 진실을 묘사하기 위해서 외적인 구체적 표현을 사용하고 있다.

비유적으로 말해서, 뱀에게 물린 자들은 그들이 증오·질투·저주·적의·복수 등의 감정에 가득 찼을 때 뱀에게 물린 것이다.

많은 사람들이 성공한 사람에 대하며 증오와 질투를 품고 있다. 수백만이나 되는 사람들이 무지와 미신과 공포를 품고 있다.

모세는, 신의 힘에 대한 당신의 자각과 당신의 마음 속부터 그것을 끌어내는 당신의 능력에 대해서 의미하고 있다. 청동은 당신의 현재 의식과 잠재의식의 결합과 합치의 상징이다.

만약 이 두 의식 사이에 서로 다투거나 모순되거나 하는 일이 없다면 당신의 기도는 소원 성취될 것이다. 당신에게 내재하는 무한한 신적 치유력을 응시하고, 신의 진실이 당신의 진실이며, 모든 사람들의 진실이라는 것을 확신할 때 당신의 모든 질병은 고쳐진다.

그것으로써 당신은 정신을 자유로이 활동하게 할 수 있고, 기어다니거나 위축되거나 좁은 세계에 갇히려고 하는 태도로부터 강한 신념과 자신과 신적인 기쁨에 찬 자랑스러운 기분으로 당신을 높이게 될 것이다.

지금부터 향상하는 사람이 되라. 당신 안의 정신은 신이다. 그것은 겨룰 만한 적이 없는 것이며, 불사신이며 영원으로서 전지 전능하다.

당신의 마음 속에 있는 이 존재 및 힘과, 당신의 사상 및 감정과를 일치시키라. 그러면 고독·공포·질병·빈곤·열등감이라는 당신의 사막은 꽃피는 장미원처럼 될 것이다.

"내가 어떻게 독수리 날개로 너희를 업어 내게로 인도하였음을 너희가 보았느니라."

〈출애굽기〉 제19장 4절

그것은 또한 당신에게 만족스러운 생활을 보내기 위한 물질적인 부를 가져다 준다.

요약

① 자기를 보다 높이 향상시키기 위해서는 먼저 소망을 높이고, 그리고 그 실현을 강하게 확신할 수가 있어야 한다. 그랬을 때에 당신의 소망이 객관화된다. 당신의 미래상을 응시하고 그 실현성을 완성하라.

② 당신의 성격과 정신적 태도가 당신의 성공과 실패를 결정한다.

③ 지상에는 두 종류의 사람이 있다. 자기를 향상시키는 사람과 다른 사람에게 의존하는 사람이다.

④ 다른 사람에 대해서도 하늘의 무한한 부를 갖춘 사람이라고 인정하고, 그가 향상하는 것을 도우라.

⑤ 당신의 품성은 운명의 힘이다. 생명은 용기와 신념과 인내에 보답한다. 장해를 이기고 그것을 뛰어넘는 것으로써 품성을 키울 수 있다.

⑥ 하늘의 부는 당신의 것이다. 무한한 예지는 당신에게 대답하려 하고 있다. 그것은 당신이 부를 때에 응답한다.

⑦ 안에 있는 신적 존재를 높이고, 그것과 합치한다면 모든 괴로운 지경을 뛰어넘어 일어설 수 있다.

⑧ 자기에 대해서 자랑할 수 있는 존재라고 생각할 수 있게 되라. 당신의 진실한 자기는 신이다. 신을 당신의 중심으로서 숭배하라.

그래서 유일한 실체이며 유일한 힘인 전지 전능의 신성을 찬미하고, 숭배하고, 존경하라.

⑨ 향상하는 사람이 되라. 그리고 사람들 속에 있는 신성을 숭배하고 높이라. 당신은 먼저 자기 속의 신성을 존중하고 숭배하는 것으로써 다른 사람의 신성을 높일 수 있다.

⑩ 당신에게 내재하는 무한한 치유력을 응시하라. 그 대답을 느낄 때 당신은 기도가 소원대로 성취된 기쁨을 경험하게 될 것이다.

이것은 경제적인 풍족함에 관한 것도 포함한다.

08

진실한 부富를 생각하라

You infinite power to be rich

"세상에 여호와의 인자하심이 충만하도다."

〈시편〉 제33편 5절

풍부한 부가 당신 주위에 충만해 있다. 그것은 전능하신 신이 당신의 눈에는 보이지 않지만 당신 주위의 곳곳에 존재하고 있기 때문이다.

그것은 또한 우리들 주위에 있는 공기에 비유할 수도 있다. 공기는 결코 없어지는 법이 없다. 누구든지 마음껏 마실 수 있다. 결코 부족하지 않으며 무궁 무진하다.

그것은 또한 대해의 물로도 비유할 수 있다. 대해大海의 물을 그릇에 마음껏 떠 와도 대해의 물은 쉽게 줄어들지 않는다. 물 역시 얼마든지 있다.

이 존재는 끝없는 생명이며, 어떠한 생명도 이 존재로부터 떠나 있을 수는 없다. 이 존재는 무한한 실체이다. 이와 마찬가지로 당신이 행동하든 소유하든 모든 이면에 있는 당신의 사고 및 감각은 실체이다.

당신이 그 끝없는 생명의 실체와 하나가 되어 있다는 것을 스스로 깨달을 때 무엇인가 부족하다고 느끼는 관념에 위협받는 일은 없을 것이다.

그 존재는 풍부한 생명이 약동하는 원천이다. 그것은 이 세상의 만물이 거기에서 생성되기 때문이다.

무한한 존재와 조화를 이루고 노력하며, 큰 것을 생각하는 사람에게 가능성은 무한대이며, 여러 가지가 풍부하게 준비되어 있다. 그러한 사람은 반드시 영원한 존재로부터 대답을 받을 수 있다. 또한 그때그때의 환경에 올바르게 행동할 수 있게 된다.

신은 당신이 기뻐하는 것을 기뻐하고, 당신이 건강과 행복과 평화와 물질적인 부를 누리는 것 또한 기뻐한다.

풍족하게, 그리고 원대하게 생각하라

당신에게 내재內在하는 창조력에는 한계가 없다. 따라서 당신이 얻고자 하는 경험이라든가 기쁨을 억제할 아무런 이유가 없다.

당신은 한없는 근원으로부터 그것들을 끄집어내려 하고 있다. 따라서 자기가 맡을 분량을 가정하거나 그 이상 얻으면 나쁜 것이 아닌가 하는 따위에 신경을 쓸 필요가 없다. 왜냐 하면 보고는 끝이 없고, 그것은 언제나 지금과 똑같이 가득 차 있으며, 영원히 변하지도 않기 때문이다.

인간이 가장 슬퍼해야 할 것은 자기에게 내재하는 진실한 부를 자각하지 못한다는 사실이다.

대개의 경우 외적인 소유물이나 환경에만 마음을 빼앗겨 그것을 참된 부라 생각하고, 마음 속에 존재하는 창조력을 깨닫지 못한다.

진실한 부란 그 위험한 부의 근원과 당신 자신이 일치하는 것에 있다. 풍부해야 한다는 것을 생각하라. 풍족하게 원대하게 생각하라.

그러면 모든 방면에서 좋은 것, 놀라운 것, 예를 들면 돈을 비롯한 여러 종류의 물질적인 것으로부터 애정·존경·신뢰 등의 정신적인 부에 이르기까지 모든 것이 당신한테로 이끌려 올 것이다.

전능하신 신은 당신 안에 있다. 따라서 당신은 무엇이든 해낼 수 있다.

끝없는 평안, 한없는 기쁨, 그리고 완전한 조화, 여기에 성공·발전으로 이끄는 무수한 아이디어와 창조력은 내재하는 신의 무한한 부와 일치하는 사람에게 끊임없이 나타난다.

만약 마음의 준비가 되어 있다면 오직 기다림만이 존재할 뿐이다.

빈곤이 미덕이란 생각은 어리석다

어떤 비즈니스맨의 이야기이다.

그는 어릴 때부터 빈곤에는 미덕이 있다고 배워 왔다. 그러나 잠재의식에 뿌리 박힌 이 어리석은 생각이 그의 내적인 행복이나 사업에 상당히 방해가 되고 있다는 것을 알게 되었다.

그래서 그는 나의 강연을 꾸준히 들은 다음 하루에 몇 차례씩 마음 속에 다음과 같이 긍정했다.

"나뭇가지가 나무의 생명 표현인 것처럼 신의 예지와 창조력이 나를 통해서 표현된다. 나는 신의 아들이다. 따라서 모든 신권과 신의 부를 이어받고 있다. 나는 마음의 중심을 내 속에 있는 신에 일치시킨다. 나는 이 보이지 않는 존재와 내가 하나라는 것을 알고 있다.

무한한 실체와 무한한 공급을 믿고, 그것이 나의 생활에 부와 조화와 영감과 은총을 풍부하게 가져다 줌을 믿는다.

나는 신과 한몸이다. 신의 창조력은 나의 창조력이며, 나는 신의 예지와 힘과 이해력이다. 무한한 예지는 나의 모든 행동을 알려 주고, 그 부유의 관념이 나에게 부와 성공을 가져다준다.

나는 신의 무한한 부에 마음을 활짝 열고, 나의 모든 노력은 신으로부터 보상을 받아 번영한다. 신과 사람은 하나이다. 따라서 신과 나는 하나이다."

이 기도는 매우 효과적이었다.

그 비즈니스맨은 이 말을 하루에 여러 번씩 되뇌었다고 한다. 그 결과 그는 새로이 세 개의 점포를 더 열게 되었으며, 25명의 직원을 고용하게 되었다.

기적은 그저 단순히 마음을 새로운 방향으로 돌림으로써 이루어진 결과이다.

빈곤을 생각하면 빈곤해진다

어느 날 이웃집에 사는 16세 된 소년이 나를 찾아왔다. 소년의 아버지는 자신이 대학에 진학하는 것을 허락하지 않고 굳이 엔지니어가 되라고 하는데 어떻게 하는 것이 좋겠느냐고 내게 물었다.

그 소년의 아버지는 언제나 입버릇처럼 말했다.

"너를 대학에 보낼 돈이 없다. 돈을 빌리기 위해서는 담보가 필요한데 담보가 될 만한 마땅한 것도 없다. 어쨌든 돈을 융통할 수가 없으니 대학에 가려는 생각은 잊어버려라."

이 아버지의 경제적인 어려움은 눈치 빠른 독자는 이미 알아차렸을 것이다. 그는 계속되는 빈곤과 한계, 경제적인 구속에 자기 자신을 가두어 버렸던 것이다. 그의 잠재의식이 습관적인 사고에 대응해서 작용한 것은 당연한 일이었다.

부를 생각하라. 그러면 당신은 풍부해진다. 하지만 빈곤을 생각하면 빈곤해진다.

마음의 힘에 확신을 가지라

나는 그 소년의 아버지를 만나, 소년에게 필요한 것은 풍부한 감정을 기르는 것, 그리고 자신에게 필요한 것은 무엇이든 풍부하다고 끊임없이 상상하는 것이라고 이야기했다.

소년의 아버지는 나의 권고에 따라 그날 이후 매일 밤 잠자리에서 자기 아들에게서 편지가 왔을 때를 상상하고 잠이 들었다. 그 편지는 아들이 대학에서 얼마나 즐겁게 생활하고 있는가, 아들이 대학에 다니기까지 아버지가 해 준 것에 대해서 얼마나 고마워하고 있는가를 알려 주는 것이었다.

그 밖에 소년의 아버지는 다음의 말을 긍정했다.

"신은 나에게 필요한 것을 언제나 충분히 공급해 주는 영원한 원천이다."

그는 매일 마음에 부정적인 생각, 예를 들면 '돈이 없다, 무엇을 팔아 버릴까? 이젠 틀렸어'와 같은 생각이 떠오를 때마다 긍정적인 생각으로 바꾸곤 했다.

"신은 나에게 필요한 것을 언제나 충분하게 공급하는 영원한 원천이다." 라고 되됨으로써 부정적인 생각을 계속 중화시켰다.

소년의 아버지는 처음 며칠은 이것을 1시간에 30~40회 외우지 않으면 안 될 때가 가끔 있었으나, 시간이 좀 흐른 다음에는 부정적인 생각은 차츰 사라졌다.

그러던 어느 날 마치 기적이라도 일어난 것처럼 그는 많은 돈을 벌었다. 그 돈으로 빚을 모두 갚았을 뿐만 아니라, 이 일로 말미암아 필요한 것은 언제 어디서나 모두 자기에게 돌아오게 해 주는 마음의 힘에 더욱더 확신을 갖게 되었다.

지금 그의 아들은 자기가 선택한 대학에서 공부를 마쳤을 뿐만 아니라, 아버지와 똑같이 진실한 부를 발견한 것을 아주 기뻐하고 있다.

앞으로 만약 이 부자에게 어떤 경제적 위기가 닥친다고 해도 공포와 불안에 떨지는 않을 것이다.

청구서에 관한 마술적인 공식

몇 해 전에 나의 강의에 참석했었던 런던의 한 약제사가 자신의 약국에 얽힌 사연을 나에게 들려주었다.

그는 오래 전에 적은 자본으로 약국을 열었다고 했다. 그 때 그는 의붓 아버지로부터 돈을 빌렸는데, 의붓아버지가 그에게 빨리 돈을 갚으라고 자꾸 재촉하였다.

아직 지불하지 못한 청구서는 자꾸만 쌓여 갔다. 마침내 그는 절망적인 상태에 빠졌다.

그 때 마침 그는 런던의 캑스턴 홀에서 열렸던 나의 강연에서 다음과 같은 이야기를 들었다고 한다.

"당신이 청구서를 받았을 때에는 언제나 즉각 그 청구서와 같은 액수만큼의 돈을 벌었다고 생각하고 고맙게 여기십시오."

한동안 이 말을 되새긴 다음, 그는 그대로 실행하기 시작했다.

그 결과 눈부신 결과가 나타나 그의 약국은 날로 번창하기 시작했다.

그의 이웃에 있는 세 사람의 의사가 모두 처방전의 약을 그의 약국에서 짓도록 했다.

지금 이와 같은 이야기를 할 수 있는 것을 나는 매우 다행스럽게 생각한다. 뿐만 아니라 오늘날 그는 런던에서 눈부시게 번창하고 있는 세 약국의 당당한 주인이 되었다.

청구서와 같은 액수의 돈을 벌었다고 상상하는 방법은 차츰 그의 잠재의식 속에 자리잡았다. 그리고 얼마 후, 그것은 현실로 나타나 눈으로 볼 수 없는 잠재의식의 힘을 확증하는 것이 되었다.

나는 이 마술과 같은 공식을 많은 비즈니스맨에게 말했다. 어느 경우에나 그들은 언제나 그 이익과 관련시켜 고마워하고 있다.

"너희가 기도할 때에 무엇이든지 믿고 구하는 것은 다 받으리라."

〈마태복음〉 제21장 22절

필요한 것을 충분히 공급받게 하는 말

부유해지기 위한 최초의 원칙은 눈에 보이지는 않지만 생각하는 힘만이 무한한 보고로부터 눈에 보이는 부를 만든다는 사실을 깨닫는 것이다.

피조물·양식·순서 등은 모두 무한한 예지, 즉 잠재의식 상태로 머물러 있던 생각이 이 세상에 형태로 나타난 것이다. 그 무한한 존재는 어떤 운동을 연상시킨다. 그러면 그 생각은 운동이 된다. 하나의 형태를 생각해 내면 그 생각은 운동이 되고 형태가 된다. 이것이 이 세상의 모든 사물이 탄생하게 된 순서이다.

당신은 그와 같은 생각이 모든 것을 결정하는 세계에 살고 있다. 풍부하게 되는 것은, 혹은 경제적인 어려움에 대처하기 위해서는 성공·번영·풍부 등의 생각에 끊임없이 마음을 두는 이외에 다른 방법은 없다.

어느 날 무한한 예지는 세쿼이아 나무캘리포니아에 있는 커다란 나무를 만들려고 생각했다.

그리고 그 나무를 완성시키기까지 몇 세기에 걸쳐 그 사고와 활동은 계속되었다. 무한한 예지가 처음에 세쿼이아 나무를 생각했을 때 그 나무가 즉시 성장하게 하지 않고 그 나무의 씨 안에서 맥박 치는 주체적 지혜를 통해서 서서히 성장해 가는 나무를 생각하고 행동을 일으킨 것이다.

마찬가지로 당신이 경제적인 어려움과 갖가지 곤혹으로부터 도피하고 싶다면 당신은 자기 자신의 본래의 아이디어나 이미지, 계획이나 목적 등을 생각해 내는 사람이라는 점을 알아야 한다.

온갖 건물이나 발명은 무엇보다 먼저 생각으로 사람의 마음 속에 떠오른다는 사실을 깨달으라. 사람이 무엇인가를 존재로 이끌어가기 이전에 그것을 생각해 본 적이 없었다면 사람은 이 세상에 아무것도 만들어 낼 수 없었을 것이다. 이 사실과 함께 다음의 몇 가지 말을 유념해 두라.

"나는 무한한 예지를 절대적으로 신뢰한다. 어떠한 경우라도 원할 때에 원하는 만큼의 자기가 될 수 있음을 알고 있다. 무한한 예지는 내가 필요로 하는 때 올바른 방법으로 모든 아이디어를 나에게 갖다 줄 공급원이기 때문이다. 무한한 부는 아낌없이 나의 생활을 충족시켜 준다. 하늘의 부는 언제나 남음이 있다. 내가 이러한 말을 되풀이함으로써 나의 마음은 끝없이 흘러 들어오는 하늘의 부를 받아들일 수 있는 상태가 된다."

이 말을 되새기면서 그 진실성을 실감하게 된다면 당신의 마음은 부를 받아들일 상태가 되어 있는 것이다.

그리고 경기의 악화나 주식 시장의 동요가 있더라도, 돈의 가치가 아무리 떨어졌다 하더라도, 그 일과 관계 없이 당신은 언제나 필요로 하는 것의 충분한 공급을 받게 될 것이다.

부富에 이르는 첫걸음

몇 해 전의 일이다. 나의 강의에 참석한 적이 있었던 한 세일즈맨이 나에게 이렇게 물었다.

"어떻게 하면 연 수입을 5만 달러로 올릴 수 있습니까? 내게는 아내와 세 아이가 있고, 언제나 쪼들릴 수밖에 없습니다. 결국은 생계를 위해서 아내도 일하지 않으면 안 될 상태입니다."

대부분의 경우, 이야기 속에서 해결의 실마리를 찾을 수 있다.

그에게 나는 마음 속에 풍부한 생각·심상心像·기분을 유지하는 것이 부에 이르는 첫걸음이라고 설명했다.

그와 같은 마음의 상태가 되어야 비로소—지금까지는 어떠한 마음의 결핍·한정·구속의 상태에 있었기 때문에 접촉할 수 없었던—실제적인 부의 본질과 연결 지을 수 있다.

그는 마음에 풍부한 상像을 그리는 일부터 시작했다.

또한 우주의 마음으로나, 사람의 마음으로— 실제로 사람의 마음은 우주의 일부임—먼저 마음 속에 상을 그리는 것이 그 마음 속에 있는 것을 모두 표현하기 위한 운용법運用法이라는 것을 알았다.

결국 이 세일즈맨은 자기에게 가장 중요한 것은, 자신의 심상心像과 잠재의식을 서로 통하게 하는 것이며, 그럼으로써 아이디어의 객관화를 얻을 수 있다는 결론에 도달했다.

이 비즈니스맨의 이야기는 나한테 보낸 편지로 끝맺기로 하겠다.

머피 선생님.

선생님과 이야기를 나눈 후부터 지금까지 3개월 동안 나는 매일 아침 거울 치료법을 실행했습니다. 수염을 깎은 다음 거울 앞에서 천천히 확고한 소리로 이렇게 말하곤 했습니다. "존, 잘 했어. 연수입이 5만 달러가 돼. 너는 놀라운 세일즈맨이야."라고 매일 아침 10분 정도씩 계속했습니다. 물론 이것이 얼마 후 나의 잠재의식 속에 5만 달러와 같은 값어치의 기분을 갖게 하고, 또한 그 금액을 마음에 새겨 두는 것으로써 목표를 명확히 하여 성공할 수 있다는 것을 알았습니다.

어느 날 영업부 총회에서 나는 추천을 받아 단상에서 이야기를 하기로 되었습니다. 그 후 부사장은 나에게 예기치 못했던 축하의 말을 해 주었습니다. 나는 승진을 했고, 더욱더 일할 보람이 있는 지구로 가게 되었으며, 그곳에서 연 수입 1만 달러를 받기로 되었습니다. 그 후 나의 작년 연 수입은 수당과 본봉을 합쳐 마침내 5만 달러를 넘었습니다. 마음은 정말로 하늘의 모든 부와 풍족한 것의 원천이 되었습니다.

부정적인 마음은 번영을 파괴한다

어느 날 젊은 중역과 면담을 한 적이 있다. 그는 나에게 이렇게 말했다.

"나는 부지런히 일하고 회사에 늦게까지 남아 있습니다. 뿐만 아니라 매일 밤 '신이 여러 가지 방법으로 나를 풍족하게 해 주는 데에 고마워하고 있다.'라고 외치고 있습니다. 하지만 전혀 발전이 없습니다. 5년 동안 한 번도 봉급이 오른 적이 없고, 승진한 일도 없습니다."

그러면서 그는 자기 자신도 인정한 것이지만, 그 회사 내에서 그의 대학 시절의 동료가 성공의 사다리를 타고 자꾸 올라, 세일즈맨을 능가하여 승진하는 것을 보고 그를 질투하고 부러워하고 있었다.

또한 그는 동료가 그와 같이 발전하는 것을 부당하다고 말했으며, 언짢게 생각하고 있었다.

이것이 바로 그가 승진할 수 없었던 원인이다.

동료에 대해서 부정적으로 생각하고, 동료의 부나 승진이나 성공에 대해 비난하는 것으로서, 그는 기도하고 있었던 자기 자신의 부와 번영을 놓치거나 파괴하였다.

그는 자기가 기도하는 것을 못마땅하게 생각하고 있었다. 또한 그는 자기 자신을 헐뜯고 있었다. 그는 부정적으로 생각하거나 느끼는 등 부정적인 마음을 갖고 있었다.

즉, 그는 두 가지 기도를 하고 있었던 것이다. 한편에서는 "신이 나를 풍부하게 해 주고 있다."고 말하고, 다른 한편에서는 조용히 그러나 분명하게 "그 녀석의 승진은 참을 수가 없다."고 말했던 것이다.

얼마 후 그는 자기 마음이 창조적 매체이며, 다른 사람에 관해서 생각하고 있는 그대로가 자기가 느끼고 체험하는 것이 된다는 사실을 깨달았다.

그 이후 그는 마음을 바꿔 동료의 건강과 행복과 번영을 바라는 것에 특히 유의해야 하겠다고 했다. 그는 언제나 그것을 마음에 새겨 두고 그들의 발전과 행복과 번영을 기뻐하는 마음을 습관화시켜 승진과 진보가 자신에게로 찾아오게 만들었다.

자신의 태도를 바꾼 것이 결국 모든 것을 바뀌게 했다.

경제적 안정을 얻기 위한 확실한 방법

돈은 교환의 매체이다.

또한 돈은 자유와 아름다움, 힘과 영화와 기품의 상징이며, 부와 기쁨에 넘치는 생활의 표상이다.

뿐만 아니라 국가의 경제를 굳게 지키는 상징이기도 하다. 이것은 현명하게 제 분수대로 분배할 줄 알아야 하고, 건설적으로 사용되어야 한다.

당신이 경제적으로 확고히 자리 잡기 위해서는 단호히 마음에 새겨 둘 것이 있다.

"돈은 좋은 것이다. 아주 좋은 것이다. 그것은 인류에게 무한한 행복을 가져다 준다."

당신은 자기가 모든 부를 소유하고, 그것을 다른 사람에게 선물로 주는 분배의 중심을 되풀이해서 마음 속에 계속 그리라. 그렇게 하면 새로이 큰 공급을 가져다 주는 길이 당신을 위해 열릴 것이다.

당신이 돈을 모으려는 동기는 올바른 것이며, 돈을 넉넉히 갖는 것 또한 마땅하다. 그러므로 부가 눈사태처럼 밀려 오는 것을 기대하라.

당신의 잠재의식의 힘을 현명하게 사용하는 것, 그것이 바로 행복과 평안을 얻는 비결이다.

성공은 자기가 얻어야 할 것임을 마음에 받아들이고, 또한 그렇게 믿을 때에 생명은 당신에게 갚으려 한다.

경제적인 안정과 그 보증을 얻기 위한 진정한 열쇠는 당신이 보다 훌륭하고, 보다 폭넓고, 보다 놀라운 방법으로 사람들을 위해서 봉사하는 모습을 끊임없이 상상하고, 그 때의 기쁨을 느끼는 것이다.

보다 놀라운 성공이 당신 것이 될 때를 상상하라. 돈을 고맙게 여기고, 모든 부의 근원인 무한한 존재에 고마워하면서 그 돈을 자유롭게 사용하라.

다음 구절을 반복적으로 외우면 경제적인 보증의 관념을 당신의 잠재의식에 새겨 넣을 수 있다.

돈은 부의 상징이다. 돈은 아주 좋은 것이다. 나는 돈을 현명하고 건설적인 방법으로 사람들에게 행복을 가져다 주기 위해서 사용한다. 돈은 아주 좋은 상징이며, 그것이 풍부하게 유통되는 것을 기뻐한다. 하늘의 부가 나를 통해서 사람들에게로 흘러 간다. 하늘의 부는 언제나 넘치고 있다. 나는 이것을 좋은 일에만 사용한다. 신에게 고마워하면서 사람들에게 행복을 가져다 주기 위해서 사용한다.

요약

① 부는 당신 주위에 있다. 그것은 신이 한 곳에 치우쳐 있는 가운데 당신이 활동하고 있고, 동시에 그 신이 당신 속에도 존재하고 있기 때문이다.

② 당신의 창조력에는 한계가 없다. 또한 그것을 모두 소모시킬 수도 없다.

당신의 진실한 부는 풍부의 관념에 당신 자신을 몰입시키는 데에서 시작한다.

③ 무한한 보고인 신과의 일체감을 늘 마음에 새겨 두라. 그러면 부는 자동적으로 당신의 생활 속으로 흘러 들어온다.

④ 당신이 결핍·한계·구속 등을 느끼고 그 생각에 사로잡힌다면, 당신은 더욱더 결핍과 여러 가지 한계를 만들어 낼 것이다. 당신이 주의를 기울이는 것은 모두 당신의 마음 속에서 확대된다.

⑤ 신은 당신이 필요로 하는 것을 즉석에서 채워 주는 영원한 원천이다. 이것을 이해할 때에 기적과도 같은 일이 당신의 생활에 일어난다.

⑥ 청구서를 지불하고 부채를 모두 없애는 마술과 같은 공식, 그것은 청구서를 받았을 때 그것과 똑같은 액수의 수입이 있었다고 생각하고 고마워하는 일이다. 그렇게 하는 동안에 그 상상의 수입은 차츰 잠재의식에 심어지게 된다.

⑦ 생각한다는 것은 비물질적인 것이지만, 그것으로써 보이지 않는 보고로부터 손에 닿을 수 있는 부를 만들어 낼 수 있다. 부를 생각하면 넉넉해진다. 이와 반대로 빈곤을 생각하면 빈곤해진다.

⑧ 마음 속을 풍부한 생각·심상心像·기분으로 채우는 일이 부에 이르는 첫걸음이다. 그리고 그 풍부한 생각은 그 자체가 원하는 사물의 실체이며, 여전히 보이지 않는 것을 실현하는 확증이다.

⑨ 다른 사람의 부와 번영을 비난하는 것은 당신 자신을 해치는 것과 같다. 당신의 마음은 창조적인 매체이므로 당신이 다른 사람한테서 바라는 것과 같은 것을 당신은 당신 자신한테 바라고 있다.

⑩ 당신 자신이 결코 모두 할 수 없는 영원한 부의 공급원과 같다는 것을 알고, 보다 폭넓고 보다 놀라운 방법으로 사람들을 위하여 봉사하고 싶어 할 때, 당신은 보증이 된다. 신은 당신이 필요로 하는 모든 것을 공급하고, 더 나아가서 남는 것을 가져다 준다.

09

잠재의식 속의
힘과 지혜를 발견하라

You infinite power to be rich

최근에 그리스의 여러 섬을 둘러보았는데, 그 때 오스트레일리아의 로데시아, 남아연방, 그 밖에 여러 나라에서 온 여행자와 이야기를 나눌 기회가 있었다.

그리고 직업을 불문하고 아주 많은 사람들 사이에 마음의 작용에 관한 지식이 널리 행해지고 있다는 것을 알고 놀랐다.

그들의 공통점은 자신을 신성의 자기와 동등한 선상에 두고 서로 통하고 있었다는 것이다.

그들 중 한 사람이 이렇게 말했다.

"신을 나보다 연장인 동반자라 생각하고, 일을 하는 데 있어 필요한 지시를 구하죠. 때로는 어떤 일에 적절한 인재를 얻고 싶다고 기도합니다. 또한 어떤 때에는 끝없는 예지로부터 제조 판매에 관한 완전한 계획을 지시받는 일도 있어요. 나는 그로 인해 얻은 성공을 내 안에 있는 신성의 지시나 명령의 결과라고 생각하고 있습니다."

그들의 직업은 건축가·엔지니어·중역·광산 소장 등 다양했다. 그들은 신을 자기들의 안내자·조언자, 또는 상담자로서 생활의 모든 면에서 의지하여 놀라운 번영을 가져오고 있었다.

많은 사람들은 평생 신을 비둘기의 보금자리와 같은 작은 굴 속에 넣어 두고 있다가 기껏해야 제삿날이나 결혼식·장례식 등의 행사에만 끄집어 낸다.

신은 결코 높은 곳에 살고 있지 않고 당신 곁에 있다. 신은 당신을 창조하고, 당신의 심장을 벌떡벌떡 뛰게 하고, 머리카락을 자라게 하고, 당신이 잠들어 있을 때에도 몸의 기관을 약동시키고 통제하는 힘과 예지이다.

당신이 만약 이 내적인 예지와 힘을 인정할 수 없고 이용할 수 없다면 그것은 존재하지 않는 것과 마찬가지이다.

신이란 당신 속의 무한한 마음과 예지의 대명사이다.

실제로는 당신이 그것을 깨닫지 못하더라도 당신은 언제나 이 힘을 사용하고 있다. 예를 들어, 당신이 손을 들려고 할 때, 그 힘이 당신에게 손을 들게 한다. 또는 당신이 어떤 문제를 해결하려 할 때, 그 창조적 예지가 해답을 나타내 준다.

당신의 손가락이 잘렸을 때, 그것을 이으려는 당신의 내적인 힘이 피를 응고시키고, 상처 주위에 새로운 세포를 만들기 시작한다. 그래서 마침내 손가락을 본래대로 만든다.

당신의 아이에게 아낌없이 사랑을 쏟을 때, 당신은 신의 무한한 사랑의 일부를 나타내고 있는 것이다.

당신이 평화와 균형을 자기 안에 만들려고 할 때, 당신은 신의 절대적인 평화의 일부를 나타내려 하는 것이다.

신과 함께 살라. 그래서 경제적인 행복을 당신의 인생에 가져오게 하라.

자기 안의 보물 창고를 발견하라

아테네 근처의 모나라는 섬에서 나는 남아연방의 요하네스버그로부터 온 어떤 소설가와 오랫동안 이야기를 주고받았다. 그의 이야기에는 아주 재미있는 점이 몇 가지 있었다.

그는 자기가 예전에 겪은 일을 내게 들려주었다.

"나의 작품은 꽤 오랫동안 출판이 거부되었습니다. 이유는 간단했습니다. '읽을 가치가 없다'라든가, '재미가 없다'는 것이었습니다."

그는 이런 일로 인해 오랫동안 거부 공포증에 사로잡혀 있었다.

그런데 어느 날 마음의 법칙에 관한 책을 읽고 나서 그의 사고 방식이 마침내 바뀌었다.

그는 상상을 건설적으로 작용시키기 시작했다. 쓰고자 하는 소설의 줄거리·특징·문체, 하고 싶은 이야기의 진리 등 여러 가지에 관해서 생각했다. 그러고는 밤낮없이 대담하게 다음과 같이 계속 긍정했다.

"신의 지혜가 나를 통해서 이 소설을 쓰고 있다. 나의 지성은 사람들을 비춘다. 그리고 나의 작품은 그들을 감동시키고 축복한다. 따라서 인류에게 은혜를 가져다 준다. 그러한 소설을 나는 쓴다."

그는 이렇게 말했다.

"가끔 나는 아침에 눈을 뜨면 쓰고 있던 소설이 혼자서 앞으로 나아가고 있다는 것을 알 때가 있습니다. 나의 현재의식이 잠재의식이 말한 것을 실현하고 있는 것입니다."

이와 같이 마음의 법칙에 따라 행동한 이래 그의 작품이 모두 세상에 받아들여지게 되었다. 그는 자기 안에 있는 풍부한 보고를 발견하고, 그것을 글을 통해서 사람의 영혼을 고양시키고, 그것에 위엄을 부여하기 위해서 사용한 것이었다.

그는 자기의 마음이 신성한 우주의 일부분이라는 것, 그리고 그 마음이 올바른 방향으로 향할 때 심층의 마음으로부터의 감응을 얻을 수 있음을 알았다.

이 소설가는 자기가 이를 수 있었던 경제적 성공은, 성경의 한 구절을 깊이 신망하고 있었기 때문이라고 말하고 있다.

"너희 중에 누구든지 지혜가 부족하거던 모든 사람들에게 후히 주시고 꾸짖지 아니하시는 하느님께 구하라. 그리하면 주시리라."

〈야고보서〉 제1장 5절

자신감은 무엇이든 이루어 준다

그리스 여행 중에 가장 인상적인 추억 하나가 생각난다. 하얀 대리석의 포세이돈바다의 신 신전이 있는 아름다운 케이프사우니온을 찾았을 때의 일이다.

이 곳에서 바라본 일몰은 표현할 수 없을 만큼 아름답고 화려한 광경이었다. 그러한 분위기 속에서 안내자와 나는 오랫동안 이야기를 주고받았다. 안내자는 자기의 성장 과정에 대해서 이야기했다.

그녀는 아테네의 빈민가에서 태어나 어릴 때부터 극도의 열등감에 사로잡혀 있었다. 그녀가 어렸을 때, 그리스의 훌륭한 유적을 찾는 관광객을 안내하는 안내자를 가끔 흥미 있게 지켜보곤 했다.

어느 날 그녀는 부모에게 머리가 좋고 상냥한 사람이 되면 안내자가 될 수 있을지도 모른다고 말했다.

이 말을 들은 부모는 전혀 이치에 맞지도 않는 이야기라도 듣는 듯 웃으면서, 부자들만이 학교에 갈 수 있다며, 그런 사람들과는 자신의 처지가 다름을 일깨워 주려 했다.

그러나 그녀는 아무리 누가 뭐라 해도 희망을 포기하려 들지 않았다. 얼마 후 그녀는 성장해서 고등학교에 진학했을 때 교장 선생님에게 물었다.

"저는 고고학자가 되고 싶은데, 가능할까요?"

교장 선생님은 대답했다.

"암, 가능하고말고, 만약 학생에게 그런 자신감만 있으면 이루어지지. 신과 자신이 그것을 가능하게 한다고 믿으며 자신감을 가지세요."

그녀는 나에게 말했다.

"나는 항상 이 말과 함께 살고 있어요 그래서 현재 고고학을 전공한 지 3년째가 되는데, 2년만 있으면 졸업할 수 있어요."

그녀의 되고 싶은 것을 이룬다고 하는 자신감은 돈이나 열정·활동력, 그리고 매력적이고 훌륭한 인격 등으로 변환된 것이다.

끝으로 이것은 그녀가 아주 좋아하는 성경 속의 한 구절이다.

"너희가 주 안에서와 그 힘의 능력으로 강건하여지고……."

〈에베소서〉 제6장 10절

고고학자가 되고 싶다는 신념은 차츰 그녀의 마음을 차지하게 되었다. 마침내 그것이 무엇보다도 중요한 일이 되었다.

따라서 지혜와 힘에 찬 그녀의 잠재의식이 신적인 질서를 좇아 그것을 실현시킨 것이다.

당신 안의 천재를 믿으라

유럽 여행 중에 남아연방의 케이프타운으로부터 왔다는 한 탁월한 비즈니스맨과 저녁을 함께 했다. 그 비즈니스맨은 솔직하게 이야기를 해 주었다.

그는 몇 해 전에 케이프타운에서 모험적인 비즈니스에 네 차례나 도전했다가 실패했는데, 그 원인은 비즈니스를 시작하는 데 있어 가게를 어느 곳에 열어야 좋을지, 물건을 어떻게 사들여야 좋을지, 광고를 어떻게 해야 효과적일지 등에 관해서 그 분야에서 아주 뛰어난 전문가라는 사람의 이야기에 귀를 기울였기 때문이라고 했다.

그리고 그는 자신의 그 모든 곤란의 원인은 중요한 일을 결정함에 있어서 다른 사람의 말에 지나치게 의지했기 때문이며, 또한 실패·고뇌·곤궁 등을 겪은 것은 자기 자신 안에 천재가 있다는 사실을 미처 깨닫지 못했기 때문이었다고 덧붙였다.

어느 날 그의 아내는 남편에게 마음 속의 신적인 존재를 신뢰라고 하며 이야기했다.

그녀는 성경 구절을 써서 남편에게 주며 마음의 의지로 삼도록 권했다. 그렇게 함으로써 남편이 성공을 확신할 수 있었으면 좋겠다고 원했던 것이다. 성공의 열쇠가 된 것은 다음의 한 구절이었다.

"나의 하느님이 그리스도 예수 안에서 영광 가운데 그 풍성한 대로 너희 모든 쓸 것을 채우시리라."

〈빌립보서〉 제4장 19절

이렇게 해서 그는 어떠한 문제나 어려움도 자기에게 내재하는 만능의 신을 능가하는 것이 아니라, 그 신은 항상 자기의 여러 가지 요청에 응해 주는 것이라는 사실을 알고 신과 조화하도록 노력하기 시작했다.

이미 그는 자기가 처한 상태나 환경, 어떠한 곤란한 문제도 자기보다 더 나은 것이 아니라, 그것들은 모두 해결하고 타파할 수 있는 것이라고 확신하게 되었다.

그는 각각의 문제에는 반드시 해결책이 있으며, 그것에 도전해 싸워 이겼을 때의 커다란 만족과 기쁨을 예기하면서 하나하나의 곤란한 문제에 자신과 신념을 가지고 맞서기 시작했다.

따라서 그는 자기가 부딪치게 되는 곤란에 도전하는 것을 오히려 좋아하게 되었다.

그는 내적인 지혜와 예지를 발견한 다음부터는 환경이나 조건의 희생자가 되는 것을 거부했다.

오늘날 그는 엄청나게 성공했으며, 수백 명이나 되는 종업원을 고용하고 있다. 그는 이러한 성공의 기쁨을 맛보면서 여러 가지 교육 사업이나 자선 단체를 위해서 공헌하고 있다.

"내가 너를 사면으로 둘러 진을 치며 군대로 너를 에우며 대를 쌓아 너를 치리니."

〈이사야〉 제29장 3절

신의 아낌없는 사랑과 함께 출발하라

독일 프랑크푸르트의 한 호텔에 머물렀을 때에 한 젊은 의사를 만난 적이 있다. 그는 일을 하면서 대학을 졸업한 사람이었다.

졸업할 무렵의 그의 사고 방식은 불행하게도 '나에게는 돈이 없기 때문에 시설 좋은 진료소를 열 수가 없다. 그리고 여러 가지 기구도 갖출 수 없다'는 식이었다.

대학에서 임상심리학을 공부한 적이 있었던 그는 마침내 그 생각이 마음 속에서 부정적인 암시로 작용한다는 것, 그리고 그것들이 자기의 상태를 결코 개선하는 것이 아니라는 사실을 깨달았다.

다시 그는 자기 자신의 사고와 감정만이 유일한 창조력임을 알고, 자기를 구속하려는 암시에 영향을 받아 실패를 무서워하는 것이 아니라, 마음의 창조력에 자신을 갖게 되었다.

자기의 마음에 가로놓여 있었던 장해와 침체를 없애고, 이상적인 진료소를 열 수 있도록 마음의 창조력에 도움을 구했다.

그는 자기가 훌륭한 진료소 안에서 최신식 의료 기구에 둘러싸여 있는 모습을 그리며, 언젠가는 반드시 그렇게 되리라는 확신을 가졌다. 그리고 자신의 잠재의식의 무한한 지성이 이제야말로 자기의 요망에 응답해 줄 수 있도록 활동하고 있다는 것을 조용히 확신하게 되었다.

그로부터 며칠 지난 어느 날, 한 여인이 그의 집으로 찾아왔다.

그 곳은 그 의사의 아버지 집이었는데, 그 곳을 그의 임시 진료소로 사용하고 있었다. 그 여인은 그 때 매우 심한 고통으로 괴로워했는데, 급성충수염맹장염이었다. 그래서 그 젊은 의사는 그녀를 좀더 큰 병원으로 서둘러 데리고 가서 수술을 했다. 그 결과 그녀는 깨끗하게 나았다. 결국 이 두 사람은 사랑을 하게 되었다. 그녀는 그의 새 진료소를 위해서 돈을 기부했을 뿐만 아니라, 결혼식 날에는 영국으로부터 들여온 롤스로이스를 그에게 선물로 주었다.

신부의 아버지는 백만 장자 실업가로서, 사위를 위해 새 시대의 의학에 필요한 의료기를 준비할 기회가 주어진 것에 대해 매우 기뻐했다.

이것은 당신 자신 희생자라고 생각하지만 않는다면, 당신은 결코 환경의 희생자가 될 필요가 없음을 말해 주고 있다.

영원한 존재의 한없는 예지가 당신을 통해서 흘러 나오는 것을 받아들이라. 그러면 당신의 경제적인 여건은 기적과 같이 바뀌게 될 것이다.

이 젊은 의사가 그랬던 것처럼 당신이 정말로 해야 할 것은 당신의 내적인 힘을 발견하고, 그것과 밀접한 관계를 맺는 일이다. 이것을 자기 실현이라고 한다.

당신 안에는 신성神性의 자기가 존재하고 있다.

그런데도 전 세계 수천만의 사람들이 그것을 전혀 깨닫지 못하고 병들어 괴로워하고, 노이로제에 걸리고, 재해에 들볶이고, 가난에 울상을 짓는다.

우리들이 해야 할 일은 신적 존재를 깨닫고 자신을 억압이나 빈곤으로부터 해방시키는 일이다.

"너는 하느님과 화목하고 평안하라. 그리하면 복이 네게 임하리라."

〈욥기〉 제22장 21절

당신의 내적인 힘과 교류를 가져라. 그러면 당신은 행복과 번영과 마음의 평화를 얻게 될 것이다.

당신이 할리우드 거리에 있어도, 킬라니 호수아일랜드에 있음 가에 살고 있어도, 당신이 맛보는 행복감은 똑같다.

실제로 당신의 건강이나 부나 성공은 지리적 환경에 의해서 결정되지 않는다.

당신 자신이 당신의 성공과 부와 번영을 창조하는 것이다.

당신의 신성적神聖的인 자기는, 지금이라도 당신을 통해서 소리가 되고, 당신을 전진시키고 상승시키고 완전한 것으로 만들려고 촉구하고 있다. 신은 우리들의 욕구라는 형태를 취하고 한 사람 한 사람에게 말을 걸고 있다.

그 욕구는 우리들을 통해서 표현하려는 신의 소리이다.

당신은 신의 무한한 건반鍵盤이며, 여기에서 신의 아름다운 선율을 연주한다.

새로운 임무, 새로운 일, 새로운 공부를 시작하여 흥미와 열정과 자신감으로 그것들을 제 모습으로 완성시키도록 노력하라. 당신은 무엇인가를 시작할 때의 그 분위기와 같은 기쁨을 가지고, 그것을 완성하려는 자기의 모습을 발견할 수 있을 것이다. 신의 아낌없는 사랑과 함께 출발하라.

그러면 좋은 일을, 사랑하는 모습을 가질 수가 있을 것이다. 새로운 일을 신념과 자신을 가지고 시작하라. 그러면 승리와 환희와 영광과, 그리고 경제적인 성공이 당신의 것이 될 것이다.

생명의 법칙은 시작과 끝이 같다

아일랜드의 킬라니에서 젊은 여성 음악가의 하프 연주를 들은 적이 있다.

그 때 나는, 영국에서 프랑스어와 라틴어와 수학 교사를 하고 있는 나의 여동생과 함께 있었다.

내 여동생은 그 연주를 듣고 이처럼 아름다운 연주를 들은 적은 처음이며, 매우 훌륭한 하프 연주라고 감탄했다. 우리 두 사람이 이 젊은 하프 연주자를 저녁 식사에 초대하여 이야기를 나누었을 때, 그녀는 이렇게 말했다.

"나는 연주를 시작할 때 언제나 이런 기도를 합니다. '위대한 음악가인 하느님, 나를 통해서 연주해 주세요. 나는 당신의 숭배자이므로 당신이 요구하시는 대로 연주합니다. 그리고 당신 자신의 노래를, 사랑의 가락을 나를 통해서 연주해 주세요.' 이것이 나의 시작인데, 생명의 법칙은 시작이나 끝이나 같습니다. 나는 신을 사랑하고, 찬미하고, 숭배하는 것으로 시작합니다. 그 결과는 시작했을 때와 똑같은 신의 사랑이나, 아름다움이나, 영광의 이미지가 자연히 나타날 것입니다."

요약

① 신과 협력하려고 할 때 당신의 부는 커진다.

② 당신은 풍부한 재산을 가지고 있다. 당신의 잠재의식 속에 존재하는 뜻밖의 힘과 지혜를 발견하라. 그러면 당신의 지성은 조명을 받아 모든 방면에서 번영하게 될 것이다. 당신은 인류에게 위대한 은혜를 가져다 줄 수 있다.

③ 마음의 법칙에 관한 당신의 이해와 신뢰의 정도에 따라 당신의 건강과 부와 성공이 결정된다.

④ 잠재의식이 지성과 일치하고 조화하려고 할 때, 당신 안의 천재가 나타나게 된다. 당신의 잠재의식 속의 무한한 예지는 모든 경제적인 문제를 해결하는 올바른 해답을 당신에게 준다.

⑤ 무한한 예지는 온갖 문제보다 앞선다. 환경이나 조건이 당신을 창조하는 것이 아니다. 창조력은 외적인 실패나 구속의 암시 속에 있지 않고, 그것은 당신의 사상과 감정 속에 있다.

⑥ 생명의 법칙은 시작이나 끝이나 동일하다. 당신의 새로운 계획을 흥미와 열정과 자신과 신념을 가지고 시작하라. 그러면 당신의 노력의 결과는 그것을 시작했을 때의 분위기나 컨디션과 같은 것이 될 것이다. 당신에게 내재하는 신적 능력을 믿고 실행에 옮기라. 그러면 경제적인 것까지 포함해서 당신이 손을 대는 일은 모두 놀라운 결과를 얻게 될 것이다.

10

고마워하는 마음,
그 자체가 부富의 기도이다
You infinite power to be rich

"우리가 감사함으로 주 앞에 나아가며……"

〈시편〉 제95편 2절

갖가지 정신적·물질적인 부가 사람에게 오는 모든 과정을 고맙다라는 말 한 마디로 요약해도 좋다.

도움을 받고 고마워하는 것은 그 자체가 마음의 기도이다. 고마워하는 마음이 있는 사람은 행복한 사람이며, 풍족한 사람이다.

셰익스피어는 말하고 있다.

"더욱이 주여, 나에게 생명을 부여해 주신 당신, 고마움에 넘치는 마음을 부여해 주신 당신."

미국의 가장 현명한 철학자 중 한 사람인 헨리 소로H. D. Thoreau : 1817~1862. 미국의 철학자·사상가는 "우리들은 삶을 받은 것에 고마워해야 한다."고 말하고 있다.

당신이 만약 태어나지 않았다면 어떻게 되었을까? 당신은 아름다운 일출과 빛나는 일몰을 볼 수 없었을 것이다.

당신 아이의 사랑스러운 눈을 보는 것도, 당신이 기르고 있는 개가 주인을 좋아하고 바라보는 그 눈짓도 볼 수 없었을 것이다.

또한 대자연이나 별이 반짝이는 하늘의 아름다움을 볼 수도 없음은 물론, 영혼의 나날의 양식을 알 수도 없었을 것이다.

당신은 저 눈부신 햇살을 받아 다이아몬드처럼 반짝반짝 빛나는 눈 덮인 산을 볼 수도 없었을 것이다.

또한 사랑하는 사람을 포옹할 때의 애정을 느낄 수도 없었을 것이다. 당신을 둘러싼 여러 가지 부를 볼 수도 없었을 뿐만 아니라, 아름다운 화초나 새로 베어서 말린 풀의 달콤한 향내를 알 수도 없었을 것이다.

희미하게 밝아 오는 새벽의 아름다움을 맛보는 것에 고마워하는 마음을 품으라. 우주의 아름다움을 볼 수 있는 눈을 갖추고, 하늘의 음악과 새의 노래를 들을 수 있는 귀를 가지고, 우주의 가락을 연주할 수 있는 손과 위로와 용기와 사랑을 다른 사람에게 말할 수 있게 하는 소리를 당신이 갖추고 있는 것에 고마워하라.

당신의 가정, 사랑하는 사람, 일, 동료 등에 고마워하라. 다음의 말을 끊임없이 되새겨라.

"나는 가족 개개인의 행복을 빈다. 나는 남편혹은 아내의 아이들 속에 있는 신성을 숭배하고 찬미한다. 나는 그들이 하는 모든 일이 한결같이 잘 되기를 빈다. 나는 얻게 된 모든 선물에 고마워한다.

나는 받는 쪽보다 주는 쪽이 축복받는다는 것을 알고 있다. 나의 협력자와 고객과 모든 사람들의 행복을 빈다. 나의 일은 발전하고, 확대되고, 늘어나고, 증대하고, 수천 배가 되어 돌아온다."

고마움의 세 가지 법칙

당신이 바라는 좋은 성과를 얻기 위해서 다음과 같이 하라. 첫째, 모든 것이 흘러오는 무한한 예지가 존재한다는 것을 완전히 받아들이라. 둘째, 이 근원이 당신 사상의 경향에 좇아 대답하는 것임을 깨달으라. 셋째, 깊은 고마움의 마음을 가지고 무한한 예지와 당신 자신을 연결하라.

거기에 고마움의 법칙이 있다. 이 법칙에 대하여 비유적으로 말해 주는 성경의 한 구절을 인용하면 그것은 당신이 하느님에게 근접해 가면, 하느님은 당신에게 근접하리라.

이것은 작용과 반작용의 자연의 원리이며, 또한 우주의 법칙이기도 하다.

이것은 다시 덧붙이면 당신이 잠재의식에 심어 둔 것은 어떤 것이라도 반드시 외적인 세계에 구체적인 형태를 취하여 나타난다는 것을 말을 바꾸어 표현한 것이다.

당신도 그 일부에 맡겨 두고 있는 이 세상의 좋은 일과 좋은 물건을 칭찬하여 고양된 고마움의 마음을 가슴에 품는다면 이미 구하는 것이 오게 된다고, 당신의 마음 속에서 믿어도 틀리지 않는다.

고마워하는 마음은 부를 끌어들인다

접골요법을 개업한 접골사에 대한 이야기이다. 그는 소년 시절부터 가난 속에서 자라 학교에 다닐 때에도 아주 고생을 했다.

그가 희망에 부풀어 처음으로 개업을 하였을 때 첫주가 다 지나도록 환자는 한 사람도 찾아오지 않았다. 그는 매우 불쾌하게 생각하고 화를 내었다.

2주일째의 어느 날 최초의 여자 환자가 찾아와 그에게 말했다.

"당신이 여기에 개업하신 것을 우리들은 고마워하고 있어요. 우리들은 이 근처에 당신과 같은 분을 필요로 하고 있었어요. 당신이 여기에서 성공하도록 빌겠어요."

그녀는 잠시 후 덧붙였다.

"나는 모든 일에 대해서 언제나 고맙게 생각하고 있어요. 정말 많은 사람들이 고마워하는 마음을 잊고 있어요. 그만큼 비참하고 가난한 생활을 하고 있는 거죠."

이 때가 그의 인생의 전환점이 되었다. 그 환자의 말은 그의 마음 속 깊이 새겨졌다. 그래서 그는 새삼스럽게 무슨 일에나 고마워하는 마음을 갖기로 했다.

그는 자기를 통해서 환자를 고치는 그 치유력에 고마워했고, 또한 환자를 치료한 치료비에 대해서도 고마워했다.

그가 모든 치유의 근원인 신이나 자기의 몸을 둘러싼 여러 가지 행복에 고마운 마음을 가지면 가질수록 그에게는 점점 좋은 일만 생기게 되었다.

그의 고마워하는 태도는 그의 마음을 차츰 깊고 먼 창조력으로 접근시켰다. 이 사람에게서 저 사람에게로 그에 대한 것이 전해지고, 많은 환자가 찾아오게 되었다.

그의 지혜는 점점 좋아지고, 기적적인 요법을 환자들에게 실시하여 매우 풍성하고 효력이 있는 진료소를 만들었다.

고마움과 신뢰는 비례한다

아버지가 딸에게 졸업 축하로 세계 여행을 시켜 줄 것을 약속했다고 하자.

그녀는 여행 비용을 받은 것도 아니고, 아직 여행을 떠나지도 않았다. 그런데도 그녀는 매우 기뻐 마음은 행복으로 넘치고, 마치 이미 유럽에서 동양으로 향하는 배에 실제로 타고 있는 것 같은 기쁨에 젖는다.

그녀는 아버지가 반드시 약속을 지켜 줄 것을 알고 있으며, 진정으로 고마워하면서 그 선물을 마음에 받아들이고 가슴 울렁이며 그날을 기다린다.

당신이 자동차를 사러 매장에 갔다고 하자. 그러나 거기에는 당신이 희망하는 자동차가 없다.

그래서 당신이 세일즈맨에게 당신이 갖고자 하는 차를 자세하게 설명하면 그는 그것을 주문해서 당신의 집에 가져다 준다고 하자. 당신은 세일즈맨에게 인사를 하고 돌아갈 것이다.

당신이 멀지 않아 주문한 것과 똑같은 자동차를 입수하는 것은 틀림없다. 당신은 그 사업을 하고 있는 사람의 청렴하고 강직함과 성실함을 믿고 신뢰하고 있기 때문이다.

그런데 당신은 결코 변할 리가 없다. 그리고 우리들이 믿고 신뢰하는 것에 완전히 성실성을 가지고 대답해 주는 무한한 존재와 그 창조력의 법칙에 얼마만한 신뢰를 두고 있는 것일까.

고마움이나 칭찬은 자신을 변화시킨다

"범사에 감사하라."

〈데살로니가〉 전서 제5장 18절

고대인들은 신에 대하여 유치한 관념을 가지고 있어서 전제 군주적인 방식으로 우주를 통치하는 의인적 존재로 여겼다. 그리고 그들은 농노나 노예가 자기들의 삶과 죽음을 좌우하는 힘을 가지고 있는 봉건 영주 앞에서 제 뜻을 굽혀 복종하고 아첨하는 태도로 신을 대하고 있었다.

그렇기 때문에 고대 사람들은 신 앞에서도 자신들의 영주에 대한 것과 마찬가지로 엎드려 빌고 애원하는 것으로써 신의 비위를 맞추었던 것이다.

오늘날의 사람들은 신을 창조적 법칙을 통해서 활동하는 무한한 예지로 보고 있다. 이 법칙은 어떤 특정한 개인에게 속하거나 자기의 소유로 되는 것이 아니다. 또한 시간이 가면 변화하는 것도 아니다.

어제 있었던 것처럼 오늘도 그러하며, 영원히 변하는 일이 없다. 그 무한한 존재는 모든 인격적 요소, 즉 사랑·기쁨·평안·현명·지성·조화 등을 갖추고 있어서 그 존재와 조화를 이루고 그 법칙을 올바르게 움직여 쓰는 사람과 개별적으로 친밀한 유대를 갖게 된다.

그 무한한 존재의 기적이나 영광이나 감응 등을 발견했을 때에는 그 자리에서 가슴 속에 끓어 올라오는 것을 느낀다. 그것은 영혼에서 솟아나는 깊은 기쁨을 곁들인 고마움의 감정이다.

마치 소년이 화학 법칙이나 자연의 비밀을 발견했을 때 행복한 듯이 날뛰면서, 그 발견을 아버지에게 이야기하는 것과 같다. 그 소년은 당연히 자랑스러운 듯이 기뻐하고, 칭찬을 바란다.

언젠가 열 살 된 소년이 나에게 학교에서 만든 재떨이를 선물해 준 적이 있다. 소년은 나에게 자기가 어떻게 기계를 사용해서 그 금속을 세공하고 용접했는가를 설명했다.

그 스릴과 놀라운 일의 결과를 말하는 소년의 눈동자를 상상하기에 어럽지 않을 것이다. 그 경험은 소년이 학교 실험실에서 더 한층 비밀을 해명하고자 하는 의욕을 불러일으켰을 것이다.

칭찬이나 고마움이 신을 움직이는 것이 아니라, 그것이 우리들 마음 속에 변화를 가져다 주는 것이다. 그래서 물질적인 부를 포함한 모든 종류의 선善을 우리들에게 끌어들이는 정신적인 자석이 되는 것이다.

당신의 고마움과 칭찬과 그 수단과는 결코 호의를 구하는 굴종의 태도로써 표현되어서는 안 된다. 그것은 신의 법칙에 강한 흥미를 가지고 마음 속 깊은 곳을 향해서 돌진하는 감동의 모험이어야 한다.

그렇게 하면 비로소 당신은 자기가 필요로 하는 모든 것을 당신이 고마움의 마음을 가지고 받아들일 것을 기다리고 있다.

당신이 가지고 있는 모든 물건을, 지금까지 당신에게 주어온 신에 대하여, 또한 이 우주의 생명 근원에 대해 당신이 깊이 알게 되었을 때 당신의 마음은 참된 고마움과 칭찬으로 넘친다. 셰익스피어는 이렇게 말한다.

"모든 준비는 되어 있다. 만약 마음의 준비가 되어 있다면."

고마움은 기적을 일으킨다

어떤 사나이가 말했다.

"청구서가 쌓여질 뿐입니다. 돈이 없어요. 이대로는 멀지 않아 파산입니다. 어떻게 하면 좋을까요?"

나는 그에게 하루에 10분 내지 15분 정도씩 두세 번 조용히 앉아 다음과 같이 실행하도록 권했다.

"주여, 당신의 부에 대해 지금 고마워하고 있습니다."

그리고 편히 쉬는 평화스러운 기분이 되어, 고마운 생각이 마음을 완전히 지배하게 될 때까지 이것을 계속하라고 말해 주었다.

그는 마음 속의 부 의식과 그 이미지가, 자신이 필요로 하는 부나 돈을 만들어 내는 첫째 원인이라는 것을 알았다. 그의 사고와 감정은 그것의 신통찮은 조건과 완전히 관계를 끊은 부의 실체였다.

"주여 고맙습니다." 하고 되풀이하는 동안에, 그는 풍족한 부를 마음에 느끼기 시작했다. 그리고 때때로 소극적인 감정에 사로잡히면 서슴지 않고 "주여 고맙습니다."라고 마음이 가라앉을 때까지 되뇌였다.

그 사나이는 고마운 생각을 마음에 계속 품음에 따라 자기의 마음이 부의 관념에 조건 지워지는 것을 느끼기 시작했다. 그리고 드디어 그 사나이가 구하고 있었던 부가 현실의 그것이 되었다.

어느 날의 일이다. 그 사나이는 어느 사교 모임에서 예전 직장의 사장을 만났다. 그 사장은 그 사나이에게 이사 자리를 주겠다고 하였으며, 많은 금액을 선불로 건네주었다.

그 돈으로 사내는 모든 청구서를 지불하고 부채 전부를 청산할 수 있었다. 그는 나에게 "'주여, 고맙습니다'의 기적을 결코 잊지 않을 것입니다."라고 힘주어 말했다.

고마워하는 습관을 몸에 붙이라

고마움의 생각은 당신에게 무한한 존재와의 조화를 이루게 하고, 당신을 그 창조적 법칙과 결합시킨다.

고마움의 가치는 단순히 당신에게 하느님의 많은 은혜를 가져다 주는 것에만 그치지 않고, 당신의 현재의 환경 조건을 생각할 때, 고마움의 마음 없이 마음의 안정을 얻을 수 없다는 것도 기억해야 한다.

당신이 만약 빈곤·결핍·고독·음울 등에 마음을 빼앗긴다면 당신의 마음은 그러한 것과 동등한 형태를 밖으로 나타낸다. 그것은 '당신이 주의를 기울이는 것을 경험한다'고 하는 법칙에 바탕을 둔 것이다.

기억하라, 당신이 만약 결핍과 한계의 관념을 마음에 받아들인다면, 그것은 비참하고 아픈 환경에 몸을 두는 것을 인정하는 것과 똑같다.

당신의 주의를 생활에 있어서의 최고와 최선으로 향하게 하라. 그러면 당신은 여러 가지의 최고와 최선을 경험하고, 그런 것들로 감싸이게 될 것이다.

잠재의식의 창조적 법칙은 당신이 깊이 생각하면서 예기하는 이미지로 당신을 만들어 간다. 당신의 생각대로 당신의 모습은 변해 간다.

고마운 생각을 가진 사람은 계속해서 인생의 좋은 일을 기대한다. 그리고 그 기대는 실제로 나타난다.

당신이 받는 모든 좋은 일에 고마워하는 습관을 몸에 붙이라. 모든 사람들이 당신의 행복을 위해서 공헌하고 있다.

따라서 당신은 고마움의 기도 속에 모든 사람들을 포함해야 한다. 그러면 그것은 모든 사람들, 모든 사물들 속에 있는 선善과 당신을 무의식적으로 서로 통하게 할 것이다.

그리고 모든 사람들과 생명들과 대지의 풍부한 부가 당신에게 자동적으로 달라붙게 될 것이다.

당신은 은혜로운 것에 고마워하고 있나요?

몇 년 전 어떤 지방 신문에서 두 살 때 장님이 된 사람의 이야기를 읽었다. 그의 한쪽 눈은 완전히 시력을 잃었지만, 다른 한쪽 눈은 수술을 받아 시력을 회복할 수 있었다.

그가 맨 처음으로 본 것은 사랑스러운 아내의 얼굴이었다. 아내의 아름다움은 남편에게 있어서 이 세상의 그 어떠한 것보다도 좋았다. 그는 더할 나위 없이 행복감에 젖었다.

그는 결혼해서 40년 동안 한 번도 아내의 얼굴을 본 적이 없었던 것이다.

당신은 당신의 눈에, 당신의 몸에 고마워하고 있나요? 당신의 아내에게, 남편에게, 가족에게, 상사에게, 부하에게 고마워하고 있나요? 신을 믿을 수 있는 일에 고마워하고 있나요? 모든 좋은 사물에 고마워하고 있나요?

용서는 부를 선물한다

지난번 크리스마스 때 20년 동안이나 부모와 소식이 단절되어 있었다는 한 남자와 이야기를 했다.

그것은 결국 그의 오해에서 비롯되었다. 그는 그 동안 부모가 자기에게 준 것보다 훨씬 많은 돈과 재산을 형에게 주었다고 생각하였기 때문에 부모에게 분노와 복수심을 계속 품고 있었다.

그의 두 부하가 말했다.

"크리스마스 때가 되면 다들 고향으로 돌아가 부모를 찾아뵙곤 하죠. 아직 부모가 살아 계시다는 것은 놀라운 일이겠지요. 크리스마스 때 그리운 부모를 찾아뵐 수 있다면 얼마나 좋을까 하고 생각합니다. 저희는 어릴 때 부모를 여의었어요. 부모란 정말 좋은 존재라고 생각합니다."

이 말을 들은 그 남자는 강한 충격을 받았다. 그래서 부모에게 품었던 분노와 적의는 금방 사라지고 선물을 한아름 산 후 고향에 계신 부모님을 찾아가 20년 만에 다시 만났다.

그 때 그의 부모는 이 아들에 대한 선물로 상당한 액수의 주식을 양도했다. 그것은 지금까지 그가 형으로부터 손해를 보고 있다고 생각했던 액수보다 훨씬 많은 엄청난 것이었다.

용서하는 것은 주는 것이다. 주는 것은 사랑이나 평화나 생명의 혜택이다.

"받는 쪽보다는 주는 쪽이 더 축복받는다."

고마움은 갚을 신뢰를 이끌어낸다

이것은 고마워하는 마음의 힘에 대한 이야기이다. 젊은이의 이름은 루산 해밀턴 타인이다.

그는 일리노이 주의 피오리아에서 태어났다. 그런데 그 곳은 큰 꿈을, 그리고 큰 일을 생각하는 젊은이의 야망을 채워주기에는 너무나 보잘것없는 땅이었다.

루산은 시카고로 가서 자신의 운명을 시험해 볼 결심을 했다. 얼마 후 그는 그 곳에서 한 사무실의 허드레꾼으로서 일자리를 얻었다.

그러나 급료는 아주 형편 없이 작아 겨우 살아갈 정도여서 집세를 지불하고 나면 하루에 겨우 50센트의 식비가 남을 뿐이었다.

그래서 루산은 5센트의 초콜릿으로 매일 점심을 때웠다. 아침 밥값에 10센트를 사용하고 저녁은 35센트를 넘으면 안 되었다.

그는 매일 아침 손 안에 50센트의 동전을 쥐고서는 그것을 사용하기 전에 "하느님께서 이것을 불어나게 해 주신다. 고맙습니다. 나는 날마다 보다 많은 돈을 법니다."라고 되풀이 외우는 것을 습관처럼 했다.

마침내 루산은 성공한 사람을 만나게 되어 그가 가는 곳마다 좋은 일이 차례로 일어나기 시작했다. 그는 어떤 것에서나 기회를 잃지 않고 유리하게 붙잡아 갔다.

그래서 "주여, 고맙습니다!"를 끊임없이 입에 담고 있었다. 몇 년이 지났다. 영향력이 강한 많은 사람들이 루산의 의견을 들어주게 되었다.

그는 마치 기적적인 재능을 가진 것처럼 보였고, 그의 두뇌는 점점 향상되어 갔다. 그의 비즈니스에 있어서의 총명하고 민첩함은 사람들로부터 칭찬을 받고 깊은 신뢰를 받게 되었다.

그는 사람들이 가져오는 비즈니스상의 여러 문제를 차례차례로 해결해 갔다. 성공을 거둔 하나하나의 결말의 전후에는 언제나 "주여, 고맙습니다!" 하고 외쳤다.

어느 날의 일이다. 문득 루산에게 놀라운 아이디어가 떠올랐다. 그것을 친한 친구에게 자세하게 이야기했다. 그랬더니 친구는 "그 발전 가능성은 대단한 것이야."라고 말하면서 수긍했다.

루산과 그의 친구는 의논하며 회사를 만들고, 그 이름을 '제너럴 게스 앤 드 일렉트릭 컴퍼니general guess and electionic com —pany'라고 붙였다.

그 회사는 동부에서 각 주에 걸쳐 엄청난 위세로 뻗어 갔다. 훗날 그들은 그 회사를 다른 사람에게 양도했는데, 전해지는 바에 의하면 그 금액은 5백만 달러였다는 것이다.

어떤 시인이 말했다.

"주여, 우리들에게 이제 하나, 고마워하는 영혼을 주소서."

요약

① 정신적·물질적 부를 가져오는 모든 과정은 고마움이라는 한마디로 요약해도 좋다.

② 좋은 성과를 바란다면 고마움의 법칙에 따르지 않으면 안 된다. 잠재의식에 심어진 것은, 어떠한 것이든 반드시 외적인 세계로 나타나게 된다. 물질적인 부나 온갖 종류의 풍부한 것을 기대하고, 그러한 것에 의해서 고마움을 바치라, 고마워하면서 부를 마음에 느끼라. 그것은 당신 심층의 마음에 심어지고, 마침내 실제의 것이 된다.

③ 현재 당신의 소유물, 당신이 바라고 있는 여러 가지 은혜에 대해서 고마워하라. 그 하나하나를 헤아려 보라, 신은 당신의 부를 늘려 줄 것이다.

④ 당신의 생활에 부를 가져다 주는 창조적 법칙을 알고 있는 것에 대해서 끊임없는 칭찬과 고마움을 주라. 당신의 아버지가 당신에게 자동차를 사준다고 약속을 한다면, 당신은 그것을 아직 손에 넣지 않았어도 고마워한다. 하늘의 아버지가 당신에게 주려고 하는 것은 헤아릴 수 없다. 하늘의 아버지가 당신에게 요구하고 있는 것은 그에 대한 당신의 신뢰이다.

⑤ 모든 사람들의 기도에 대답하는 창조적 법칙을 통해서 작용하는 무한한 예지, 무한한 지성, 그것은 신이다. 당신에게 내재하는 부와 영광을 발견했을 때, 구하고 있었던 것이 본래 당신 안에 있어서 발견되는 것을 기다리고 있었다는 것을 안 기쁨과 자랑으로 당신의 마음은 가득 차게 될 것이다.

⑥ 마음을 조용히 가라앉히고 하루에 15분쯤 단정히 앉아서 "주여, 당신의 부에 대해 지금 고마워하고 있습니다." 하고 긍정하라. 당신의 생활에 경제적인 것을 포함하여 여러 가지 기적이 일어날 것이다.

⑦ 고마움의 기분은 당신에게 무한한 존재와의 조화를 이루게 하고, 당신을 우주의 창조력과 결합시켜 준다. 그리고 당신은 무한한 은혜를 끌어당기는 정신적 자석이 된다.

⑧ 당신은 당신의 눈에, 그리고 몸에 고마워하고 있습니까? 당신은 아내에게, 남편에게, 가족에게, 상사에게, 부하에게 고마워하고 있습니까?

⑨ 용서하는 것, 그것은 당신 속에 무한한 치유력을 끌어들이는 길을 만든다. 많은 사람들이 다른 사람을 비난하고, 분노하고, 적의를 품거나 하기 때문에 부를 손해 보고 있다.

그와 같은 태도는 모든 부 및 건강의 근원과 당신을 결부시키고 있는 끈을 잘라 버린다. 그 어느 것이나 당신에게 해당된다면 마음 속에 그 가시가 없어질 때까지 다른 사람을 계속해서 축복하라.

⑩ 당신의 주머니에 만약 몇 푼의 돈밖에 없더라도 이렇게 외우고, 그것을 축복하라.

"신께서 이 돈을 불어나게 해 주신다. 이것이 끊임없이 불어나 그치지 않는 일에 나는 깊이 고마워한다."

그러면 당신은 생각지도 못할 정도의 부를 끌어당기게 될 것이다.

11

당신 안의 보물 산을
계속 채굴하라

You infinite power to be rich

땅 속에는 금·은·백금·알루미늄·천연 가스·석유·다이아몬드, 그 밖에 여러 가지 보석과 금속 등 헤아릴 수 없는 부가 매장되어 있다. 다시 그것들을 이용해서 생산해 내는 부에는 전혀 한계가 없다.

그전에 지적한 것처럼 생명의 진실한 부는 사람의 잠재의식의 밑바닥 깊은 곳에 있다. 그것은 사람이 태어나면서 지닌 지성이며, 땅 속의 보배로운 재물을 발견하고, 가공과 분배를 가능하게 한다.

이 세상에서 가장 존귀한 것이 당신 안에 있다. 구체적으로 말하면 당신의 의식하지 않는 마음 밑바닥에 신적 존재의 헤아릴 수 없는 지혜와 무한한 지성과 한없는 힘과 갖가지 기적과 영광이 존재하고 있다.

당신의 무한한 영광을 위해서 지시와 조언을 구하라. 그리고 그것을 받으라. 안에 있는 부를 구해서 보물의 산을 자꾸 파라. 그리고 보석이나 천연석을 캐내는 것처럼 창조적인 아이디어나 발명·발견, 영광에 빛나는 음악, 새로운 노래, 그래서 모든 어려움에 대한 해답을 당신 안에서 얻어라.

내적인 부의 보고를 발견하면 당신은 확실히 그리고 틀림없이 외적인 부를 얻게 될 것이다. 왜냐 하면 "안에 있으며, 밖에는 있지 않다."고 말하고 있기 때문이다.

마음의 금광을 파낸 어느 부인의 사연

최근에 나는 어떤 부인에게서 편지를 받았다.

그 편지 내용은 다음과 같다.

> 우리 부부는 30년 전에 결혼했으며, 지금 남편은 65세입니다. 그리고 다섯 아이를 두었습니다. 우리는 행복하고 평화롭게 살았습니다. 아니, 적어도 그렇다고 생각하고 있었습니다.
>
> 그런데 최근에 내 남편은 사무실의 젊은 여비서와 3년 이상이나 깊은 관계를 맺고 있다고 제게 고백했습니다. 그러는 동안 무엇인가 해결이 될 때까지 자기를 이해해 주었으면 좋겠다면서 냉정한 태도로 나에게 부탁했습니다. 나는 화가 나 견딜 수 없었으며, 증오와 분노로 깊은 상처를 입었습니다. 아이들도 충격을 받았습니다. 나는 자신감을 잃고, 남이 나를 아무리 '매력적이다, 지적이다, 아름답다'고 말해 주어도 귀에 들어오지 않았습니다.
>
> 나는 매일 두통에 시달려 밤에는 잠도 오지 않습니다. 나는 배신당하고 있었던 것입니다. 이제 내게 남은 것은 절망뿐입니다. 어떻게 하면 좋을까요?

나는 그녀에게, 남편은 의심할 것 없이 도덕적으로 결함이 있으며, 그 불륜과 우연한 행동은 절대 용서할 수 없다는 내용의 답장을 보냈다.

그녀의 남편이 그런 관계를 오랫동안 유지해 왔다는 것은, 그의 인격이 완전히 무너졌음을 나타내는 것이다. 왜냐 하면 그는 젊은 여비서를 그저

이기적으로 이용하여 아내에 대한 의무와 책임을 전혀 느끼지 않고 있었다는 것을, 그가 말한 "그러는 동안에 무엇인가 해결이 될 때까지"라는 말을 봐도 분명했다.

내가 그 부인에게 보낸 답장은 다음과 같다.

바깥 주인은 깊은 죄의식에 사로잡혀, 그 때문에 일어날 수 있는 여러 가지 결과를 아주 두려워하고 있을 것입니다. 그는 이 관계에 대해서 당신에게 이야기하는 것이, 당신에게 얼마나 심한 충격을 주는가 하는 것도 알고 있을 것입니다. 그런데 왜 이와 같이 되었는가 하면, 아마도 그 여비서는 남편에게 당신과 이혼하고서 자기와 결혼해 달라고 조르고 있기 때문일 것입니다.

당신의 남편은 당신과 새로 생긴 애인 모두에게 마음이 있는 상태로서 애인과의 관계를 계속하면서도 무의식적으로는 당신과 맺어져 있고 싶다고 바라는 것입니다. 남편에게 솔직하게 이야기해 보세요. 그리고 "도덕적인 용기와 정신적인 규율과 남자다웠으면 좋겠다"고 그의 결점을 이야기하세요.

그렇지 않으면 당신은 "이 이상 이런 생활을 계속할 수가 없다. 그것은 결혼 생활에 있어서 서로의 사이에 성실함이 없어졌을 때, 그 사이는 우습고 위선이며, 그저 겉보기만 그럴 듯한 것에 지나지 않게 된다."고 분명하게 이야기하세요.

남편이 부인에게 이 일을 고백한 이유는, 다분히 남편의 애인이 당신에게 직접 이 일을 이야기해서, 당신에게 남편을 단념하라고 하기 전에 당신의 남편이 당신을 자기 편으로 삼고 싶다고 생각한 것이라고 생각합니다.

나는 그녀에게 남편과 이야기할 때는 이상과 같은 여러 점을 어디까지나 솔직하게 이야기하기를 강조했다. 그리고 또한, 다음과 같은 기도를 열심히 외우도록 강하게 권했다.

"나는 남편에 대하여 사랑과 평화와 선의와 기쁨을 바칩니다. 우리들 사이에는 조화와 평안과 완전한 이해가 있습니다. 나는 주인 안에 있는 신성을 존경하고, 우리들 사이에 항상 있는 신의 사랑을 숭배합니다. 신은 남편을 통해서 생각하고, 이야기하고, 행동합니다. 그것은 또한 신이 나를 통해서 생각하고, 이야기하고, 행동하는 것과 같습니다. 우리들은 이 결혼을 신과 그 사랑 때문에 바칩니다."

그녀는 이상의 내용을 약 1주일 동안 계속 기도한 다음 남편과 숨김없이 이야기를 주고받았다. 그러자 그녀의 남편은 진심으로 흐느끼고 아내에게 용서를 빌었다.

오늘날, 그 부부의 가정은 사랑과 조화와 평안에 충만해 있다. 이 부인이 한 번 더 파헤칠려고 결심했을 때, 얼마 후 그녀는 자기 안에 있었던 마음의 금광을 파낸 것이다.

당신 속의 금광을 개발하라

나는 아일랜드에 머무르는 동안 어느 외과의와 재미있는 대화를 나눌 기회를 가졌다. 그 의사는 매력적인 아내와 그 지방을 여행 중이었다.

우리들은 마음의 불가사의에 관해서 이야기를 시작했다. 얼마 후 그는 자기의 아버지에 관한 믿기 어려운 이야기를 해 주었다. 그 이야기를 될 수 있는 대로 간단하게 정리해 보겠다.

이 젊은 외과의는 웰즈 탄광부의 아들이었다. 그의 아버지는 매일 오랜 시간 일을 함에도 불구하고 형편 없는 돈을 받았다.

146

이 외과의사가 소년이었을 때, 그의 아버지는 아들을 위해서 신발은 사줄 여유조차 없었다. 그래서 소년은 맨발로 학교에 다니지 않으면 안 되었다.

과일이나 육류가 식탁에 오르는 것은 1년에 두 번, 부활절과 크리스마스 때뿐이었다.

이 가족의 평소 식사는 버터와 밀크·감자·차뿐이었다.

어느 날 이 소년은 아버지에게 말했다.

"아버지, 저는 외과의사가 되고 싶습니다. 저와 학교에 함께 다니는 친구들이 예전에 눈병에 걸려서 앞을 잘 못 보았었는데, 수술을 받은 후 완전히 볼 수 있게 되었어요. 저는 그러한 의사가 되어 남을 위해서 좋은 일을 하고 싶어요."

소년의 아버지는 대답했다.

"아버지는 말이야, 너를 위해서 지금까지 25년 동안이나 돈을 모았다. 지금 그 돈은 3천 파운드약 8천 달러가 된다. 그것은 모두 네가 좋은 교육을 받을 수 있게 하기 위해서 저축해 온 것인데, 그보다도 아버지는 네가 의학 공부를 모두 끝내게 될 때까지 그 돈에는 손을 안 대는 것이 좋다고 생각한다. 공부가 끝나고 나서 헬리가런던의 일류 지역에서 좋은 기구를 갖추고, 좋은 병원을 열기 위해서 사용하는 것은 어떨까? 그러는 동안에 지금 있는 돈에는 이자가 붙으니까 그것을 네 공부에 보태어 쓸 수도 있어. 그리고 그것은 모두 네 돈이니까 네가 공부를 하고 있는 동안에 정말로 돈이 필요할 때면 언제라도 그 돈을 찾아도 좋아.

하지만 아버지는 그것보다도 그 이자를 계속 저축해 두는 것이 좋다고 생각해. 그러면 네가 졸업을 할 때에는 그 돈은 훨씬 많이 늘어나 있을 거야."

이 아버지의 따뜻한 배려는 소년을 감격시키고 흥분시킨다. 소년은 학교를 졸업할 때까지 그 돈에는 결코 손을 안 댈 것을 아버지와 약속했다.

이윽고 그는 의학 전문대학교에 입학하여 낮에는 공부하고, 방과 후나 휴일에는 시내에 있는 약국에서 일했다.

또한 약학이나 화학 강의를 해서 돈을 벌기도 했다. 그는 아버지와 은행에 있는 돈에 손을 대지 않겠다는 약속을 지키려고 부지런히 일했다.

드디어 그가 졸업할 날이 다가왔을 때 아버지는 아들에게 말했다.

"아버지는 지금까지 죽 석탄을 파왔는데, 그것으로 특별한 수가 나는 것은 아니야. 그 때나 지금이나 은행에는 한 푼도 없다. 그러나 아버지는 네 마음 속 깊이 간직되어 있는 한없이 풍부한 금광을 개발해 주었으며 바라고 있었던 거야."

그 외과의사는 나에게 말했다.

"잠깐 동안 나는 앞이 캄캄해서 아버지가 무슨 말씀을 하시는지 전혀 알아들을 수 없을 정도였습니다. 얼마 후 그 놀라움과 충격이 해소되고 나서 우리 두 사람은 실컷 웃었습니다.

아버지가 진실로 내게 가르쳐 주고 싶었던 것은 내가 무엇인가 필요로 할 때 나를 도와 줄 수 있는 돈이 은행에 많이 있다고 생각함으로써 얻게 되는 부의 감정이었다는 것을 알았습니다. 그것은 나에게 용기와 신념과 확신을 주었으며, 나 자신을 믿을 수 있었던 것도 그 때문이었습니다. 아버지가 은행에 3천 파운드나 저축했다는 믿음은 실제로 예금되어 있는 것과 똑같이 작용해서 나의 목적을 달성시킨 것입니다."

이 외과의사의 말에 의하면, 자신이 외적으로 달성한 것은 자신의 내적인 신념이나 영상이나 확신의 표상에 지나지 않는다는 것이었다.

그를 도와 주는 아버지의 돈은 단 1파싱1/4페니, 가장 적은 동전도 없었는데,
그의 생활에 일어난 이 놀랄 만한 결과는 어떤가.

인생에 있어서의 성공·성취·완수·목적 달성에 대한 비결은 모든 사람
들에게 공통적으로 적용되는 일로서, 각자의 사상과 감정의 기적적인 힘을
발견하는 데 있다.

우리의 친구인 이 외과의사는 마치 돈이 자기에게 있었던 것처럼 확신을
가지고 행동한 결과였다.

잠재의식을 은행처럼 사용하라

언젠가 나는 '당신의 잠재의식은 은행이다'라는 주제로 강연을 한 적이
있었는데, 그 자리에 참석했던 한 사나이로부터 최근에 편지를 받았다.

그 일부를 인용한다.

친애하는 머피 박사님.

저는 선생님의 강연에서 잠재의식을 은행처럼 사용한다는 말을 들었습
니다. 저는 그것을 지금까지 한 번도 생각해 보지 못했습니다. 그런데 잠재
의식은 갑자기 저의 마음 속에 그리고 있는 것, 생각·기분·태도 등은 모두
잠재의식을 위한 투자라는 것을 깨달았습니다. 저는 지금까지 그 중요한
잠재의식에 분함·게으름·초조감·자기 혐오 등을 생각도 없이 계속 투입해
왔습니다.

이와 같은 여러 가지 부정적인 생각이 잠재의식 속에서 차츰 커지고, 그
것이 원인이 되어 위궤양에 걸려 입원한 적도 있습니다.

제가 선생님의 강의를 들은 지 벌써 3개월이 지났습니다. 강의를 들은 날
밤 저는 하느님을 의지 없고 멋대로 하늘을 지배하는 존재가 아니라, 모든

사물에 널리 영향을 미치고, 전 우주를 지배하고, 저에게 언제나 답을 부여해 줄 수 있는 존재로 보게 되었습니다. 그리고 다음과 같은 것을 저는 확신을 가지고 외우게 되었습니다.

"하느님의 힘과 강대함과 평안과 예지와 기쁨은 이미 나의 것이다. 하느님의 사랑은 나의 영혼에 가득하며, 그 빛은 인류에게 봉사하기 위한 보다 좋은 방법을 나에게 계시해 준다."

이와 같은 생각을 저의 내적인 은행잠재의식에 맡겨 두기 시작하고 나서 놀라운 창조적인 아이디어가 마음 속의 금광으로부터 계속적으로 이어지는 것이 아니겠습니까. 현재의 제 실적은 그전의 세 배나 되었습니다. 저는 건강하며, 그날 그날이 행복과 기쁨과 하느님의 우렁찬 웃음소리에 넘치고 있습니다.

갖가지 아이디어를 서로 강하게 결부시키라

느긋한 기분으로 당신 자신에게 다음과 같이 들려주라.

"나는 지금 내 잠재의식을 파헤쳐 놀라운 아이디어를 창출하려 한다. 나에게는 아직까지 쓰인 일이 없는 내적인 자원·힘·재능·능력이 잠자고 있다는 것을 알고 있다. 그 보고를 의식적으로 파헤쳐 감에 따라 무한한 예지가 나에게 그것들을 명시해 준다."

새로운 아이디어가 실제적인 부로 이어질 때, 당신은 반드시 놀라게 될 것이다. 당신 안에 있는 보고를 깨달으라.

갖가지 아이디어를 서로 강하게 결부시켜 하나의 큰 전체로 정리하라. 그리고 실행하라.

한 아이디어가 세계의 혁명을 일으킨다

석탄은 옛날부터 땅 밑의 탄층에 묻혀 있었던 것을, 부를 구하는 광부가 곡괭이로 파내어 지구의 표면으로 끄집어 낸 것이다.

이 발견은 전 세계에서 수백만 명이 그로 인해 일자리를 얻을 수 있었으며, 그것은 다시 헤아릴 수 없는 부를 생산하는 수단으로 사용하게 되었다. 석탄은 남국의 열기를 북극권으로 옮기고, 극지의 집을 로스앤젤레스와 비슷할 정도로 따뜻하게 했다.

스코틀랜드의 한 소년은, 다른 사람에게 부를 가져다 주는 새로운 아이디어를 창출하기 위하여 정신적으로 파고 들었다.

그리고 주전자의 물이 끓고 있을 때 증기가 뚜껑을 들어 올리는 것을 관찰하여 많은 재산을 모았다. 증기의 폭발력이 그의 마음을 사로잡았던 것이다.

이 아이디어야말로 세계 혁명을 일으킨 증기 기관의 시초이며, 전 세계의 수많은 사람들에게 일자리를 마련해 주었고, 세계 곳곳에 엄청난 부를 가져다 주는 결과를 낳았다.

최근 우연한 기회에 헨리 포드의 의미 깊은 말을 음미했다. 헨리 포드에게 "만약 무슨 일을 위해서 모든 일과 재산을 잃어버리면 어떻게 하느냐?"고 물었을 때 그는 다음과 같이 대답했다.

"모든 사람들이 기본적으로 필요로 하는 어떤 필수품을 생각해 내고, 다른 누구보다 싸면서도 보다 기능적인 것을 공급합니다. 5년 이내에 또다시 억만 장자가 되어 보이겠습니다."

현재는 우주 시대이자 전자 시대이다. 뜻밖의 가능성과 기회가 당신을 기다리고 있다. 당신의 마음 깊은 곳에 잠재되어 있는 새로운 창조적 아이디어를 구하라. 그것은 당신의 잠재의식의 창조력을 해방시키는 일이 될 것이다.

당신 안에 갇혀 있는 그 크고 화려한 힘을 지금부터 개방하기 시작하라.

부정적인 사고는 부정적인 결과를 부른다

부와 빈곤의 발단은 언제나 사람의 마음 속에 있다. 당신은 부를 얻어 성공을 꿈꾸고 있으므로 그 점에 관해서 분명한 결단을 내려야만 한다.

부란 좋은 기회나 행운이나 우연에 의해서 얻어지는 것이 절대 아니다. 당신에게 허용되어 있는 단 하나의 좋은 기회는 당신 스스로 만들어 내는 기회일 뿐이다.

어떤 회사의 재기 넘치는 젊은 중역이 말했다.

"나는 매일 밤늦게까지 일을 하고 있습니다. 지금까지 경영에 관한 나의 제안이나 의견은 잘 받아들여졌고, 그 때문에 회사는 상당히 많은 돈을 벌어왔습니다. 그런데 지난 3년 동안 저는 한 번도 승진을 하지 못했습니다. 오히려 평범한 나의 부하 직원들은 승급과 승진을 했는데 말입니다."

이 사나이는 정말 부지런하고 재주도 있었으며, 분명히 몸을 아끼지 않고 일하였다. 이 의문의 해답은 그의 전처와의 관계에 있었다.

그들 부부는 3년 동안 재산, 별거 수당, 아이들의 양육비 등으로 싸우고 있었다.

무의식 중에 그는 그 소송의 결말이 날 때까지 필요 이상의 돈은 바라지 않는다고 생각했다. 그는 돈을 벌면 벌수록 별거 수당도 많이 지불해야 되는 상황에서 벗어나고 싶었던 것이다.

그는 법이 임시로 정한 규정액을 전처에게 지불하고 있었는데, 그것이 지나치게 많음에 분개하면서 최후의 판결을 기다리고 있었다.

나는 그의 잠재의식이 최근 3년 동안 그에게 어떻게 작용하고 있었는가를 설명했다.

그는 정말 돈은 필요 없다고 생각하고 있었다. 그리고 부정적인 생각을 완전히 감정과 동화시키고 있었다. 게다가 불만·적의·반항심으로 전처가 풍족하게 되지 않기를 바라는 마음을 자신의 잠재의식 속으로 밀어넣음으로써 이 부정적인 생각이 그의 경제 생활의 모든 면에 투영된 것이었다.

당신이 만약 마음 속에서 다른 사람이 풍족하게 되지 않기를 바란다면, 그것은 동시에 당신 스스로 풍족하게 되지 않기를 바라는 것과 같다.

이것이야말로 오래 된 금언이 이웃 사람에 대하여 잘 생각하고, 이야기하고, 행동하라고 말하는 이유이다. 결코 질투하거나 분개하거나 헐뜯지 말아야 한다.

그 이유를 설명하는 것처럼 지극히 단순한 논리는 없을 것이다. 그것은 당신의 세계 안에서 당신 자신이 오직 하나뿐으로 둘도 없는 생각하는 주체이기 때문이다.

당신의 부정적인 사고 방식은, 당신의 모든 생활에 부정적인 반응을 나타낸다.

당신의 잠재의식은 당신 생각의 흐름의 총체總體를 공간이라는 화면에 항상 투영하고 있다.

이 젊은 중역은 자기 자신이 자기의 발전과 승진을 스스로 방해하고 있다는 것을 깨달았다. 승진에 대한 해답이 자신 속에 있었던 것이다.

그리고 사랑은 미움을 쫓아 낸다는 것을 알고, 아내와 아이들에게 건강과 사랑과 평화가 깃들이길 바란다면 자기도 그와 같은 행복을 얻을 수 있게 된다는 사실을 깨달았을 때, 그는 비로소 자기 자신 속에 평화가 깃들인 것을 발견할 수 있었다.

그는 세 아이를 위한 정당한 양육비가 받아들여지기를 바라기 시작했다. 양육비는 애정을 기울여 기분 좋게 아내에게 주어야 하며, 또한 그것이 몇 배나 되어 되돌아올 것이라고 생각했다.

그는 다음과 같이 기도를 했다.

"신은 사랑이며, 생명입니다. 이 생명은 하나이며 불가분의 것입니다. 생명은 모든 사람들 안에 깃들며, 사람을 통해서 나타납니다. 그것은 내 존재의 중심에 실재합니다. 빛이 어둠을 비추는 것과 같이 사랑과 선이 악을 멸망시킵니다. 사랑의 힘을 알고 있는 나의 예지는 모든 부정적인 조건과 싸워 이깁니다. 사랑과 미움은 함께 깃들일 수 없습니다.

이제부터 나는 신의 빛을 마음 속의 모든 공포와 불안 위에 쏟습니다. 그러면 그것들은 안개가 되어 사라질 것입니다. 진실의 빛이 땅끝으로부터 나타날 것이고, 두려움과 의혹은 사라질 것입니다.

신의 사랑은 나를 지켜 보며 격려하고, 나에게 나아갈 길을 분명히 말해 줍니다. 나는 모든 생각을 신적인 존재로 넓혀 갑니다. 나는 지금 나의 모든 생각과 말과 행위 속에 신성을 표현하려고 합니다. 신의 본질은 사랑입니다. 완전한 사랑은 공포를 추방하는 것입니다."

몇 주 뒤에 그의 마음 속에서 내적인 변화가 일어나기 시작했다.

그리고 그는 상냥하고 친근하며 온화한 인품을 되찾아 정신적으로 새로이 태어났다.

이윽고 그의 경제적인 문제는 눈부시게 좋아졌고, 직장에서도 승진을 하기에 이르렀다.

그리고 이 이야기도 풍부한 결말을 맞이하게 된다. 전처는 그에게 화해를 구하고 일찍이 그들을 맺게 했던 사랑의 등불이 그들을 제단^{祭壇}으로 새로 불러들여, 두 개의 마음은 또다시 하나가 되었다.

"그러므로 하느님이 짝지어 주신 것을 사람이 나누지 못할지니라." ·

〈마태복음〉 제19장 6절

부를 가져다 주는 기도문

이것은 경제적인 풍부함을 틀림없이 당신에게 가져다 주는 기도이다.

행복이 지금도 언제나 내 안에 존재하고 있다. 나는 나의 조화·건강·평화·기쁨 등을 예견할 수 있다. 성공과 평화와 번영의 개념이 나의 마음을 지배한다. 이러한 생각씨은 성장하여 마침내 나의 경험이 된다. 나는 그 씨를 뿌리는 사람이나 씨를 뿌린 만큼 거두어 들인다. 나는 여러 가지 신적인 생각씨을 뿌린다. 그것은 성공·평화·조화와 선의의 놀라운 씨앗이다. 그리고 놀라운 수확을 거두어 들인다.

이제부터 나는 잠재의식에 확신·평화·번영·균형·조화 등의 씨를 뿌린다. 이러한 놀라운 씨가 놀라운 열매 맺는 것을 기다리자. 원하던 씨가 잠재의식에 맡겨진 것을 확신한다. 땅 속에 맡겨진 씨가 성장하는 것이 사실로써 받아들이고 있는 것과 마찬가지로, 잠재의식에 맡겨진 씨가 성장하는 것을 믿는다. 나는 그것이 암흑 속에서 조용히 성장하고 있는 것을 알고 있다.

얼마 후 그것은 초목의 씨처럼 땅의 표면으로 나와객관화되어 좋은 환경·조건·사건이 된다. 이것이 나에게 경제적으로 풍부한 공급을 가져오는 진실의 의지처이다.

무한한 예지는 갖가지 방법으로 나를 인도하고 제어한다. 나는 거짓 없고, 진실하고, 공정하고, 사랑해야 할 선의의 모든 소식에 귀 기울이고 생각한다. 신의 힘은 나의 좋은 사상과 함께 나타나게 된다. 나는 평화이다. 그것은 무한히 풍부한 나이기 때문이다.

"종말로 형제들아 무엇에든지 참되며 무엇에든지 경건하며 무엇에든지 옳으며 무엇에든지 정결하며 무엇에든지 사랑할 만하며 무엇에든지 칭찬할 만하여 무슨 덕이 있던지 기림이 있던지 이것들을 생각하라."

〈빌립보서〉 제4장 8절

요약

① 생명의 진실한 부는 당신의 잠재의식의 깊은 곳에 있다. 귀중한 창고는 당신 안에 있으며, 거기서부터 엄청난 부를 목적에 맞는 올바른 간절함으로 끄집어 낼 수 있다.

② 현명한 아내는 남편의 애인에게 힘을 가지게 하지 않는다. 현명한 아내는 남편이 앓고 있는 마음의 병을 이해하고, 어리석은 아내는 매사에 불만을 품고 신경질적이며, 충동적으로 행동한다. 현명한 아내는 아무것에나 사로잡히지 않고, 솔직하게 남편과 이야기를 주고받으며, 당면한 문제를 응시하면서 자기의 길을 찾아낸다.

③ 부는 마음의 상태이다.

신념·확신·부지런함·열정·자기 자신을 믿는 것 등이 그러는 동안에 건강·성공·부·달성 등으로 바뀌어 간다. 가난에 허덕이던 소년이 훗날 유명한 외과의사가 된 것도 소년의 아버지가 성공할 날을 위해서 은행에 많은 돈을 맡겨 놓고 있다고 믿고 있었기 때문이다. 그러나 실제로는 처음부터 은행에 예금해 둔 돈은 한 푼도 없었다. 사상과 감정의 힘을 알고, 당신의 인생을 바꾸라.

④ 당신의 사고, 마음 속의 상, 믿고 있는 것, 마음의 태도나 감정 등은 모두 당신이 잠재의식 속에 투자하고 있는 재산이다. 당신의 잠재의식은 그것을 살려 두 배의 이자를 낳는다. 즉, 잠재의식은 당신이 그 속에 맡겨 두는 것을 무엇이나 늘어나게 한다.

당신의 잠재의식에 사랑, 확신, 올바른 행동과 모범, 부유, 편안하고 태평함, 좋은 감정 등을 새겨 넣으라. 그러면 잠재의식은 사랑과 확신을, 그리고 문제에 부딪쳐서는 해답을 필요할 때에는 항상 당신에게 갖다 줄 것이다.

이것이 당신 속의 금광으로부터 보배로운 재물을 찾아내는 방법이다.

⑤ 당신에게 허용되어 있는 단 하나의 좋은 기회는 당신 스스로 만들어 내는 좋은 기회뿐이다. 당신이 만약 다른 사람의 풍부한 것을 보고 분개하거나, 또는 누군가에게 행복이 깃들이지 말 것을 바라거나 한다면 당신은 당신 자신을 상처 나게 할 뿐만 아니라, 당신 자신으로부터 생명의 부를 빼앗아 버리는 것이 된다.

당신은 당신의 세계 안에서 오직 하나뿐으로, 둘도 없는 것으로 생각하는 주체이다. 당신이 생각하는 것을 당신은 창조한다. 모든 사람들이 풍족하고 행복하게 될 것을 바라고 당신의 부를 쌓으라.

12

정적靜寂은 마음에 생기를 회복시켜 준다

You infinite power to be rich

정적은 마음의 안식이다. 마치 수면이 몸의 피로를 회복 시키고 새로운 힘을 주는 것처럼 정적은 사람과 신을 통하게 해서 사람의 마음을 키워 주고 마음에 생기를 회복시켜 준다.

에머슨은, "신들의 속삭임을 듣기 위해서 침묵합시다." 라고 말하고 있다. 정적이란 당신의 주의력과 감각의 판단이 외계로 향하는 것을 멈추게 하여 잠재의식의 무한한 예지가 필연적으로 감응해서 당신에게 해답을 명시해 주는 것을 예지하면서 주의력의 초점을 당신의 이상·목표·목적 등에 갖다 맞추는 침묵의 장이다.

당신의 창조력 안에서 부가 잠자고 있다

당신은 신의 모든 힘과 독립해서 생각하는 힘을 갖추고 태어났다. 그렇기 때문에 당신은 창조하는 힘을 가지고 있으며, 당신이 마음 속에 품고 있는 것이나 믿는 것을 당신을 둘러싼 세계에 투영하는 능력을 가지고 있다.

당신이 당신의 창조력을 깨달았을 때 당신은 한없는 풍부함을 느낄 것이다. 부가 당신의 창조력 안에서 잠자고 있다.

어떤 영화 촬영소를 찾아갔을 때 나는 한 시나리오 작가에게 일을 할 때의 비결에 대해 물어 보았다. 그는 이렇게 대답했다.

"마음을 가라앉혀 느긋한 기분이 되게 한 다음 시작하죠. 처음에는 그 작품이 의도하는 바를 붙들고, 그것을 여러 가지로 생각해요. 그러고는 밤에 잠자기 전에 정적에 젖어 그 작품 전체를 생각하죠. 그런 다음 구체적인 개개의 아이디어에 관해서는 자고 있는 동안에 떠오르는 것을 예기하고 잠을 청합니다. 아침이 되면 각본이 다 짜여 있죠. 그러면 나는 책상을 향해 그것을 써 갑니다."

그의 작품이 그의 마음 속에서가 아니라면 도대체 어디에서 만들어지는가. 그가 밤의 정적 속에서 마음에 품고 이것 저것 생각한 것이 잠재의식에 심어지고, 그것에 의해서 잠재의식이 자동적으로 대답을 하고, 그 각본에 필요한 온갖 독창적인 아이디어를 그에게 가져다 준 것이다.

사람은 마음에 모든 것을 맡겨두고 살고 있다. 거기서는 사람을 풍부하게도 하고 가난하게도 한다. 또 거지로도 적으로도 만든다.

자기의 인생에 바라는 모든 것을 창조하는 당신 자신의 사고력을 깨달았을 때 당신은 매우 비싼 보석을 가지고 있음을 기뻐할 것이다.

당신 속에 있는 부와 힘은 결코 줄어들지 않는다. 마음의 부란 당신이 스스로 그 한계를 결정해 버리는 것이 아니면 그 자체에 한계는 없다.

정적은 부와 명성을 가져다 준다

《예언자》를 쓴 칼릴 지브란은 날마다 정적을 구하여 자기 속의 신성의 자기와 통하고, 사람들에게 평화와 기쁨과 선의를 주려고 내적인 빛과 그 반짝임과 사랑과 진실과 미에 대하여 명상하였다.

그래서 그 정적 속에서 신과 조용히 말을 주고받아 얻은 부를 후세의 사람들에게 남겼다. 지브란은 끊임없이 참된 것, 착한 것을 추구하고 있었다.

그 심경을 다음과 같이 쓰고 있다.

"나는 정적을 빌려 구하는 자다. 그렇게 함으로써 얼마나 좋은 보물을 발견했는가. 나는 확신을 가지고 그렇게 단언할 수 있다."

그는 자신의 마음 속에 존재하는, 영원히 끓어오르는 샘으로부터 지혜와 진리와 미를 끄집어 내고 있었다.

밤의 정적 속에서 무한한 존재와 조화하는 것으로써 그는 하늘로부터 영감을 받고 명성과 많은 부를 얻었다. 그는 그 경험을 바탕으로 당당한 지혜의 책을 저술하였다.

소원을 성취시켜 준 정적

내가 단골로 다니는 양복점 주인이, 자신의 딸에 관해 재미있는 이야기를 해 주었다.

그녀는 뉴욕에서 열리는 패션 쇼에 모델로 출현하기로 되어 있었다. 어느 날 그녀는 아버지에게 이런 말을 했다.

"저는 오늘 어떤 쇼에서 8천 달러나 하는 아주 아름다운 담비로 만든 코트를 봤어요. 우리 처지로는 아무래도 살 수 없다는 걸 알아요. 하지만 마음 속에서 시험해 보고 싶다고 생각해요. 정말 탐이 나요"

그녀의 아버지는 딸에게 이렇게 말했다.

"그 코트를 들고 입으려고 하는 장면을 상상해 보기도 하고, 그 훌륭한 털가죽을 만져보고, 그 부드러운 촉감을 느끼기도 하고, 그것을 입어 보았을 때의 기분을 맛보기도 하거라."

그녀는 마음 속에서 그 상상의 코트를 입어 보았다. 그리고 마치 아이가 인형을 귀여워하듯이 그것을 부드럽게 만지곤 했다.

그와 같은 일을 계속하는 동안에 그녀는 드디어 그 털가죽 코트를 입는 스릴을 만끽하게 되었다.

매일 밤 정적에 젖어서는 언제나 그 상상의 코트를 입고, 그것이 자기의 것이 된 기쁨을 맛보며 잠이 들었다.

한 달이 지났지만 그녀에게 아무 일도 일어나지 않았다. 그녀는 기분이 산란해질 때마다, 성경의 다음 구절을 떠올렸다.

"나중까지 견디는 자는 구원을 얻으리라."

〈마태복음〉 제10장 22절

그녀의 기도는 계속되었다. 그러던 어느 일요일 아침, 나의 강연이 끝난 뒤였다. 어떤 남성이 실수로 그녀의 발을 심하게 밟았다.

그 남자는 그녀에게 고의가 아님을 사과하고 그녀의 집까지 자동차로 데려다 주겠다고 제의했다. 그녀는 기꺼이 그 호의를 받아들였다.

그로부터 몇 차례 만난 후, 그 남자는 그녀에게 청혼을 하고 아름다운 다이아몬드 반지를 선물로 주었다. 그리고 그녀에게 이렇게 말했다.

"아주 멋진 코트를 봤어요. 당신이 그것을 입으면 정말 멋질 것 같습니다."

그 코트는 그녀가 오랫동안 매혹되었던 바로 그 코트였다.

그 가게의 점원이 전했다.

"많은 유복한 부인이 이 코트를 보고 한결같이 감탄하면서도, 무슨 이유인지 다른 코트를 구입하더군요."

정적 속에서 평화의 부를 발견하라

어떤 어머니가 나에게, 아이들이 말을 안 들어 미칠 것만 같다고 호소했다.

나는 그녀에게 매일 아침 혼자 앉아 15분 정도 〈시편〉의 91편과 23편을 읽은 다음 눈을 감고 주위의 모든 것으로부터 자기를 격리할 것을 권했다.

그녀는 여러 가지 일을 조용히 생각해 볼 필요가 있었기 때문이다.

그것은 신의 무한한 사랑, 한없는 지혜, 지극한 힘, 완전한 조화 등에 관해서 생각할 것, 그녀의 아이들을 둘러싸고 있는 사랑과 평화와 기쁨의 분위기를 느낄 것, 그리고 신의 사랑과 평화가 자신의 마음을 가득 채우고, 아이들도 평화와 미와 지혜와 이해 속에 자라 성장하고 있다는 것을 확신하는 것 등이었다.

그녀는 정신적인 축전지蓄電池에 신의 힘과 지혜를 또다시 충전시켰다. 그녀의 생활은 전면적인 변화를 보이기 시작했고, 아이들에 대한 그녀의 사랑도 점점 풍부해졌다.

이것도 또한 평화라고 하는 부가 정적 속에서 발견된 예이다.

실패를 단호히 거부하라

동양권을 여행 중일 때 도중에서 내가 탄 비행기가 심한 비바람과 번개를 동반한 폭풍에 흔들렸다.

그 때 파일럿은 나에게 말했다. "저는 폭풍우를 만나면 언제나 곧 〈시편〉 23편을 암송하고, '신의 사랑이 이 비행기를 감싸고 있다. 나는 신적 질서를 좇아 착륙시킨다'고 외웁니다."

그 때 승객들은 처음에는 급변한 사태에 놀랍고 두려워 어찌할 바를 모르는 상태였지만, 얼마 후 물을 끼얹은 것 같은 조용함으로 변했다. 파일럿은 홍콩에 완벽하게 착륙했으며, 다친 사람은 한 사람도 없었다.

파일럿은 일이 실패해 불상사가 일어나는 것을 거부했다. 그리고 승객들을 보호하는 사랑을 보여, 그들의 공포심을 치유한 것이었다.

정적은 문제를 해결한다

어떤 사나이가 씁쓸히 내뱉듯이 말했다.

"조합원증組合員證을 가지고 있지 않으니까 일이 제대로 되지 않습니다."

그에게는 조합 가입비를 지불할 돈이 없었다. 그의 희망은 아들을 대학에 진학시키고, 새집을 사는 일이었는데, 모두 잘 되지 않는다고 투덜대었다.

나는 그에게 말했다.

"마음 속의 진실한 소리에 귀를 기울이십시오."

그는 오랫동안 사물의 부정적인 면에만 주의를 기울였으므로 일이 안 되는 것은 당연했다.

그는 조용한 한밤중에 모든 주의력을 집중시켜 이렇게 긍정했다.

"무한한 지성이 나를 위해서 길을 연다. 그리고 나는 신적 행복을 얻어 번영한다. 신은 나의 아들이 대학 교육을 받을 수 있게 도와 주신다. 풍부한 부가 눈사태처럼 나에게 밀어닥친다."

얼마 후 그는 옛 직장의 고용주를 찾아갔다. 그 고용주는 그에게 곧 높은 급료로 고용할 것을 약속하고, 동시에 공장 가까이에 있는 집을 그에게 양도했다.

그 후 급료도 다시 올라 그는 아들을 대학에 보낼 수 있었다. 그는 자신의 밑바닥으로부터 그 회답을 끄집어 낸 것이다. 그것은 밤에 신의 사랑과 선행을 조용히 묵상했기 때문이었다.

당신이 부르면 무한한 예지는 대답한다

당신의 감각의 문을 모두 닫으면 당신은 외계와의 관련을 끊고, 주의가 흐트러지지 않게 된다. 그렇게 해서 조용히 당신 속의 무한한 존재에 마음을 머무르게 한다.

무한한 예지는 당신이 부르면 대답해 주며, 기쁨에 차서 기대하는 수용적인 태도로 무한한 존재와 만난다.

샘이나 못에 물을 길러 갈 때 양동이나 다른 적당한 그릇을 가지고 간다. 그리고 그릇에 물을 가득 긷는다.

당신이 무한한 존재와 조화를 이루려고 할 때 당신의 수용적인 마음이 바로 그 그릇이다. 신의 힘과 은총이 당신의 그릇에 채워진다.

여러 가지 감각적 증거로부터 주의력을 다시 불러 당신 속에 머물면서 영혼을 그 사랑으로 채우는 신과 친하게 영적으로 교류시키기 위하여 이제부터 당신도 마음의 질서를 새로 세워 정기적으로 그 정적에 젖기 시작하라.

불사신과 같은 활약의 비결

어떤 젊은 의사의 이야기이다. 그는 병원에서 연구하던 도중 병상病狀의 몇 가지 증상이 자기의 몸에 나타나 아주 괴로워했다고 한다.

그는 그것이 병적인 분위기나 제재題材에 끊임없이 몰두하고 있었기 때문에 무서워하는 마음이 무서워하고 있는 것을 끌어들였음을 깨달았다.

그는 그 원인을 깨닫자, 모든 병이 병에 걸리는 쪽이 비뚤어진 정신 상태에 기인한다는 것에 대하여 깊이 생각하기 시작했다.

그래서 병적인 이미지에 사로잡혀 그것을 무서워하는 대신, 조화와 건강과 평화의 완전한 상태를 끊임없이 묵상하기로 했다. 때때로 소극적인 상태가 되면 아름다운 것, 온전한 것, 완전한 것 등에 주의를 기울였다.

얼마 후, 그는 환자와 그 병상을 객관적으로 볼 수 있게 되었고, 모든 병에 저항력을 갖게 되었다. 그는 현재 불사신과 같은 활약을 하고 있다. 그는 격리 병동을 찾아 중증 환자를 진료하면서도 완전히 면역이 되어 있다.

어떤 과학자의 문제 해결법

유명한 우주과학자이면서 기술자인 어떤 사람은 어려운 문제에 직면했을 때 자기의 연구실에 혼자 앉아서 조용히 다음과 같이 묵상한다고 말한다.

"나는 지금 신적 해결을 깨달으려 하고 있다. 신은 그 해답을 알고 있다. 나와 신은 하나이다. 신은 지금 나에게 그것을 계시한다."

그는 언제나 그렇게 해서 대답을 받고, 때로는 직관적인 번뜩임으로 필요한 아이디어나 도식 등의 완전한 해답을 얻고 있다.

그는 자기의 그 기술을 즐겨 '묵상해결법'이라 부르고 있다.

에머슨의 현명한 정적

오감으로 감지하는 세계와 자기와의 사이를 차단하고, 현명한 정적을 실천하여 그것을 몇 번이고 되풀이하라.

그래서 당신의 소망이나 아이디어의 현실성을 묵상하라.

"그것을 가질 수 있다고 믿는다면 당신은 그것을 얻게 될 것이다."

이것은 당신의 소망·계획·목적·아이디어·발명 등이 당신의 마음이나 손이 실제로 존재하는 것과 마찬가지로 현실이다. 그것은 마음이 다른 차원에 양식과 형태와 실체를 갖고 있다.

당신에게 아이디어를 준 무한한 예지가 아이디어의 실현과 개화를 위해서 완전한 계획을 명시해 주는 것을 이해하고 거기에 주의를 쏟으라.

그러면 기도나 성취된 기쁨 등이 당신의 것이 될 것이다. 이것이 에머슨의 현명한 정적이다.

나날이 부가 나에게로 흐르게 하라

매일 아침 눈을 뜨면 신과 그 사랑에 대해 생각하고, 큰 기대와 깊은 관심과 전진하는 박력을 갖고 일어나도록 하라. 그리고 조용히 다음과 같이 긍정하라.

"전능하신 신에게 오늘 하루 나 자신과 나의 계획과 사상과 모든 일을 맡긴다. 드높은 비밀의 장소에 마음을 두고, 그래서 그 사랑의 그림자는 나와 나의 가족과 사업과 나에게 속하는 모든 것을 지킨다.

신은 내 안에 있으면서 걷고 말을 한다. 내가 가는 모든 곳에 신과 그 사랑이 따른다. 신은 내가 손대는 모든 사업을 번영시킨다. 그리고 한없이, 끝없이, 멈추는 일 없이 부가 나에게로 계속 흐르게 한다. 나는 영원히 신을 기리고, 주를 칭찬하며 땅을 걷는다."

이 방법을 되풀이해서 실행할 때 당신은 풍부한 배당을 생활의 모든 방면에서 거두어들이게 될 것이다.

내적인 정적을 얻기 위해 힘쓰라

롱펠로H. W. Longfellow : 1807~1882. 미국의 시인는 말한다.

"우리들은 입술과 마음이 가라앉는 완전한 정적—내적인 조용함—을 얻기 위해서 애쓰자. 거기에서 우리는 이미 자신의 불완전한 사상과 무익한 의견을 품는 일 없이 신만이 우리들 안에서 말한다. 그렇게 하여 우리들은 마음을 하나로 기울여 신의 의지를 알 것을 기다리고, 영혼의 정적 안에서 다만 신의 의지에만 따를 것을 빈다."

요약

① 정적은 마음의 안식이다. 그것에 의해서 우리는 영기靈氣를 키우고, 새로운 활력을 얻는다.

② 신의 힘은 어느 누구의 안에서도 존재하고, 정적인 때에 현재의식에 의해서 끄집어내게 되기를 기다리고 있다.

③ 잠들기 전에 의식을 가라앉히고, 구하는 것을 명시해 주도록 무한한 존재

를 재촉함으로써 마음 깊은 곳으로부터 창작을 위한 놀라운 아이디어를 끄집어낼 수 있다.

④ 당신이 비즈니스 계통에 몸담고 있다면 매일 아침 10분이나 15분 정도 시간을 내어 무한한 예지가 당신의 모든 행동을 인도하고 지불하고, 구매나 기타의 결단력이 신의 지혜에 의해서 이루어지는 것을 긍정하라. 그러면 당신의 비즈니스는 번영할 것이다.

⑤ 당신이 만약 비싼 코트를 못 사고 있다면, 그것을 입고 있는 장면을 상상하고, 천의 감촉과 그 아름다움을 만끽하고, 부드럽게 만짐으로써 마음속에서 그것을 계속해서 입으라. 그러면 예기치 않던 일이 일어나서 그 코트가 당신의 것이 될 것이다.

⑥ 〈시편〉 제91편, 〈시도로〉 제23편을 천천히, 그리고 조용히 음미하고 또한 긍정하는 것으로써 당신은 정신적인 축전지를 충전할 수 있다.

⑦ 배나 비행기를 타고 있다가 폭풍우를 만났을 때에는 신의 사랑이 당신을 감싸고 있다는 것을 알라. 그러면 당신의 마음은 평화스럽게 된다.

⑧ 정적에 잠겨 큰 기대를 품으면서 전진하는 기백氣魄을 양성하도록 하라. 그러면 하늘과 땅의 부와 신의 풍부한 은혜를 받게 될 것이다.

⑨ 불화와 병과 경제적 결핍이 있는 곳에서는 신의 존재와 그 사랑에 관해서 생각하라. 그러한 부조리한 상태에 대해서 저항력을 길들여 불사신과 같은 생활을 영위하라.

⑩ "신은 그 해답을 가지고 있다. 나는 신과 하나이다. 그러므로 나는 해답을 가지고 있다."

이 말을 긍정해야 한다. 당신의 모든 문제는 신적 해결을 볼 것이다.

⑪ 당신과 외계의 모든 광경이나 소리나 대상물과의 사이를 차단하고, 정적에 잠겨 소망이 달성된 현실성을 마음 속에 완성하라.

그것을 계속해 가는 동안에 신의 힘은 당신을 돕고, 당신은 기도가 성취된 기쁨을 경험하게 될 것이다.

168

13

당신의 유일한
고용주는 신神이다
You infinite power to be rich

이 세상의 모든 활동 형체는 신의 모든 행위의 일부이다. 모든 사물과 사람들에게 생기를 주고 활동하게 하는 것은 유일하면서도 최고의 힘인 신이다.

당신은 우리들의 여러 가지 활동을 정신적이고 영혼적인 활동과 그렇지 않은 활동으로 나누어 생각할지도 모른다. 그러나 당신이 무슨 일인가를 마음 속으로 기뻐할 때, 그리고 내세가 있다는 것을 믿고 무엇인가를 할 때의 모든 일은 정신적인 것이라고 할 수 있다.

건축가가 좋은 집을 지으려고 즐겨 그 일에 열중할 때, 그는 성직자가 천주의 십계十戒 의의를 설교하려 하는 것과 똑같은 정신적 활동을 한다.

보다 좋은 면도날·자동차, 혹은 그것이 무엇이든 보다 좋은 것을 만들려고 할 때의 당신 소망은, 사람들에게 즐겨 봉사하고 싶다, 유익하고 건설적인 방법으로 인류에게 공헌하고 싶다, 이 세상의 황금률에 적응하고 싶어 하는 당신의 기분이 나타난 것이다.

당신은 신의 비즈니스에 종사하고 있다. 그리고 신의 본성은 본래 당신을 위해서 존재한다.

그렇다면 누가 당신에게 대항할 수 있겠는가! 당신이 비즈니스로 성공하고 번영하는 것을 멈추게 하려는 힘은 하늘에도 땅에도 그 어디에도 없다.

비즈니스의 번영을 바리는 기도문

나의 비즈니스가 신의 비즈니스인 것을 확신합니다. 신은 모든 때와 장소에 있어서 나의 동반자입니다. 그것은 내가 어떠한 일을 하고 있을 때에도, 신은 사랑과 진실과 빛을 내 마음에 채워 주는 것을 의미합니다. 내 안에 존재하는 신의 힘에 모든 신뢰를 둠으로써 나는 모든 문제를 해결합니다. 나는 모든 것이 신의 힘에 의해서 유지되고 있다는 것을 알고 있습니다. 지금부터 나는 안심하고 평화 안에 쉽니다. 모든 것은 신적으로 해결됩니다. 나는 누구든지 올바르게 이해합니다. 그리고 나는 올바르게 이해됩니다. 나의 일에 관한 모든 관계는 신의 조화의 법칙과 일치하고 있습니다. 행복과 번영과 평화가 최고의 형태로 나에게 올 때까지 사람들과 협조해서 일합니다.

신이 참된 고용주

어떤 대규모 사업체에서 일하고 있는 젊은 부인이 말했다.

"그전에 나는 자주 여러 고용주를 찾아 옮겨 다녔죠. 보다 더 많은 돈을 벌고, 또 나의 교양에도 도움이 되리라 생각하고 말이죠. 그런데 언젠가 나의 참된 고용주는 바로 신임을 깨달은 다음부터는 하느님을 위해서 일하고 있다, 모든 부를 신이 내게 주고 나는 그것을 즐기고 있다는 것을 확신하기 시작했죠. 얼마 후 나는 좋은 위치로 옮기게 되어 놀라울 정도의 수입을 올리게 되었죠. 그래서 벌써 6년째나 계속 그 일을 하고 있어요. 나는 지금 그 회사의 부사장과 약혼을 하였어요, 하느님이 유일한 사업주이며, 누군가 특정한 사람을 위해서가 아니라, 하느님을 위해서 내가 일하고 있음을 안다는 것은, 이 세상에서 가장 놀라운 일이 아니겠습니까. 나는 마음이 느긋해져서 웃음을 짓고, 즐겨 일을 하고 있어요. 분명히 평안을 느끼고 있습니다. 아주 신나는 나날이에요."

승진과 급료를 올리는 비결

몇 년 전 내가 텍사스의 댈러스를 방문했을 때 어떤 약제사가 나를 찾아왔다. 약제사의 불만은 자신이 일을 하고 있는 곳의 사장이 변덕스럽고 화를 잘 내고 심술이 많다는 것에 있었다. 그래서 아무리 생각을 해도 함께 일을 해나가기가 불가능하다고 말했다.

그는 잠시도 멈추는 일 없이 계속해서 이렇게 말했다.

"내가 거기에 붙어 있는 단 하나의 이유는 수입이 좋기 때문인데, 그에 대한 것을 생각하면 무조건 화가 나서 창자가 뒤틀릴 정도지요. 또 있어요. 다른 보조들은 모두 승진을 했는 데도 불구하고 내게는 전혀 그런 이야기가 없습니다."

이 사나이의 마음 속에는 고민하고 화나고 미워하는 독재자·폭군·폭력

배 들이 둘러싸고 있었던 것이다. 이런 마음의 파괴적인 태도가 약제사의 사상과 감정과 모든 행동을 지배하는 주된 요소였다.

나는 그에게 밖의 세계는 언제나 자신의 내면을 비추는 거울이라고 설명했다. 덧붙여서 자기가 자기를 해치고 있다는 것, 자기의 경제적·직업적 발전을 자기가 저해하고 있었던 것에 관해서도 이야기했다.

그는 지금까지 자기가 마음으로 느끼고 있었던 것은, 자기가 그렇게 생각함으로써 일을 그처럼 여기고 있었다는 것을 솔직하게 받아들였다. 그리고 그는 기분이 향하는 방향을 바꾸어, 마음 속에 성공과 조화와 번영의 관념을 심었다.

그는 날마다 그러한 생각과 함께 지내며, 규칙적이고 계획적으로 마음 속에 양성시켜 갔다. 그는 또한 고용주에 대해서도 마찬가지로 조화와 번영과 평화를 기도했다.

몇 주 후, 그는 자기의 새로운 생활 태도가 자기의 진짜 보스라는 것, 그리고 자신의 생활 관리와 통제는 틀림없이 자신의 마음을 지배하고 있는 관념에 바탕을 두고 행해진다는 것을 깨달았다.

얼마 후 그는 자기를 대하는 사장의 태도가 바뀌었다는 것을 알았다. 사장은 그를 승진시키고 급료를 대폭 올려 주고, 그리고 그를 한 지점의 지배인으로 삼았다. 실로 그의 새로운 마음가짐이 모든 것을 바뀌게 한 것이다.

세일즈맨으로서 성공하는 비결

어떤 젊은 세일즈맨의 이야기이다. 그의 수입은 연봉으로 2만 5천 달러를 넘는다. 그가 세일즈를 할 때 무엇보다도 먼저 생각하는 것은 고객에 대한 봉사이다.

그는 언제나 고객의 이익을 생각하고, 그에 의해서 자기도 이익을 얻도록 노력하는 것이 그의 사고 방식이었다. 물론 그는 고객을 교묘하게 이용해서 돈을 벌지는 않았다.

또한 그는 구매하는 사람이 그 상품을 충분히 효과적으로 이용할 수 없거나, 혹은 도매를 하면 소매할 때에는 잘 안 팔린다고 생각되는 그러한 것은 결코 억지로 떠맡기지 않았다.

때로는 고객이 원하는 물건을 공급할 수 없는 경우도 있었다. 그러한 때 그는 항상 고객의 희망 사항을 충족시켜 주는 물품을 판매하는 다른 회사를 소개했다.

"이것은 살아 있는 황금률입니다."라고 그는 말했다. 모든 고객들은 그의 서비스에 말로는 다 할 수 없을 만큼 고마워했다.

이와 같은 그의 판매 방식 때문에 보통 세일즈맨이라면 팔 수 있는 그러한 주문을 여러 번 놓쳤지만, 그것을 대신할 수 있는 수백 가지 다른 물건의 주문을 받았다.

그는 자신이 몸 담고 있는 회사에서 다른 누구보다도 뛰어난 최고의 판매고를 기록하고 있었다.

이 젊은이의 성실과 솔직한 선의의 잠재의식이 통해서, 구매자들로부터 신용과 신뢰가 되돌아온 것이다. 그 황금률의 실천이 그의 세일즈맨으로서의 성공과 회사의 운영에 관계되는 지위까지 오르게 된 비결이다.

당신이 고객이나 의뢰자와 접할 때 성공할 수 있는 참된 비결은, 입장을 바꾸어 당신이 그 고객이었을 경우, 나는 이렇게 하고 싶다고 생각하는 것과 똑같은 것을 그 사람에게 베푸는 것이다.

당신이 만약 토지나 집 등 무엇인가 상품을 사려 하고, 그것을 위해서 당신이 좋은 이야기나 정보를 듣고 싶다고 생각하자. 바로 그 이야기를 당신의 고객이나 의뢰자에게 해 주라.

그러면 사회 전체가, 그리고 거기에 사는 모든 사람들이 당신에게 좋은 일을 하지 않고는 못 견디게 된다. 세일즈맨으로서 당신의 성공은 틀림없다.

당신의 소리는 신의 소리

내가 알고 있는 17세 되는 소년은 뉴욕의 '지옥의 부엌'이라고 불리는 곳 —맨해튼 중앙의 서쪽— 에서 태어났다. 그 소년은 몇 년 전 뉴욕에서 강연을 했을 때 내 이야기를 듣고 있었다.

소년은 매우 좋은 목소리를 가지고 있었는데, 그는 그 좋은 목소리를 위해서 특별한 전문 교육이나 훈련을 받은 일은 없었다.

나는 그에게 "마음이 주의를 기울인 어떤 이미지는 심층의 마음에 이르러 거기서 성장하여 마침내 그것은 실현된다. 또한 현재의식에 의해서 마음에 그려진 영상에 대하여, 이 심층의 마음은 반드시 응답을 해 준다."라고 이야기했다.

이 소년은 자주 자기 방에서 조용히 앉아 몸을 편안하게 하고, 마이크 앞에서 노래하는 모습을 선명히 떠올렸다. 그는 또 실제로 손을 뻗쳐 악기의 감촉을 맛보려고도 했다.

그는 대담하게도 이렇게 말했다.

"내 소리는 신의 소리이다. 당당하게, 그리고 즐겁게 노래한다."

소년은 마음의 영상 속에서 내가 자신의 놀라운 출연 계약을 축하한다는 말을 들었다고 했다. 그리고 그 출연 후 "아주 훌륭한 목소리였다."고 말하는 내 소리를 들었다는 것이다.

마음의 영상에 주의와 기원을 규칙적이고 계획적으로 쏟음으로써 소년은 잠재의식의 깊은 곳에 선명한 인상을 심은 것이다.

여러 날이 지난 어느 날, 뉴욕의 저명한 성악 교사가 그에게 일주일 동안 무료로 가르치고 싶다고 제의를 해 왔다.

그 교사는 소년의 가능성을 아주 높이 평가한 것이다. 결국 그 소년은 굉장한 계약 조건에 사인을 하여 유럽·아시아·남아프리카를 순회하고, 여러 곳의 살롱에서 노래했다. 그것으로 얻은 방대한 수입 덕분에 그는 경제적인 걱정을 할 필요가 없어졌다.

그의 숨어 있었던 재능이 그의 진실한 부였다. 그의 비즈니스도 결국은 신의 비즈니스라고 할 수 있다. 왜냐 하면 그에게 재능을 준 것은 신이기 때문이다.

당신의 일상 생활에 있어서도, 당신이 만일 그 무한한 힘을 풀어 헤치면 당신의 소리는 신의 소리가 될 수 있을 것이다.

비즈니스를 확대하는 기술

목사인 친구가 내게 말해 준 이야기인데, 그가 선교를 시작했을 무렵, 자신의 교회는 경제적으로 매우 어려워서 심한 고통을 받고 있었다고 했다.

결국 그는 확대와 번영에 이르는 확실한 방법을 알았는데, 그것은 다음의 두 가지 질문을 자기에게 물어보는 것이었다.

첫째, 사람들에게 더욱더 많은 도움이 되게 하려면 어떻게 하면 좋을까?

둘째, 인류에게 더욱더 공헌하려면 어떻게 하면 좋을까?

이것은 그가 사용한 기술인데, 이것이 기적을 가져다 주었다. 그는 정성껏 기도하듯이 이렇게 긍정했다.

"신의 진리를 사람들에게 알리기 위한 보다 좋은 방법을 신은 내게 계시해 주신다."

그 이후 돈이 차츰 들어오기 시작하여 교회를 저당잡혔던 채무를 몇 달 안에 변제하고, 다시는 돈으로 인해서 고통스러운 상황에 처한 일이 없다.

마찬가지로, 당신이 만약 사람들에게 봉사할 수 있는 보다 좋은 방법을 신이 알려 준다는 기대로 마음을 충족시키면, 사업을 확장시키는 데 있어서도 경제적인 걱정을 할 필요가 전혀 없을 것이다. 새로운 창조적 아이디어가 잇따라 떠오르고, 당신의 비즈니스는 모든 분야에서 번영의 길을 걷게 될 것이다.

신의 비즈니스는 언제나 번영한다

애리조나의 피닉스에서 강연이 끝난 다음에 만난 사람의 이야기이다.

그는 어떤 기업의 판매 부장직을 맡을 무렵 심장 발작과 신경쇠약으로 고통을 받고 있었다.

그것은 회사 안에서의 긴장·부담·과중·압력, 정책상의 항쟁 등이 원인이었다. 얼마 후 그는 완전히 회복을 한 후 다시 회사로 나갈 수 있게 되었다.

그 때 그는 다음과 같은 것을 실행했다.

매일 아침 사무실에 도착하면 문을 닫고 10분이나 15분 동안 신과 영적인 교류를 갖고, 다음과 같이 긍정했다.

"그것은 무한한 예지가 오늘날의 나의 행동 전부를 지시한다. 투쟁이 있는 곳에 신의 사랑과 조화가 두루 미친다. 내가 내리는 업무상의 판단이나 결정은 나의 지성을 포함하는 신의 지혜에 의해서 행해지고, 또한 그 예지는 나에게 완전한 계획과 가야 할 길을 계시한다."

그는 또한 모든 문제의 해답을 신은 알고 있으며, 자기는 신과 하나라는 것을 끊임없이 확신하고 있었다. 덧붙여 '신적인 법칙과 질서가 나와 사장을 비롯한 전 사원과 기구를 다스린다. 나는 사랑과 평화와 선의를 모든 사람들에게 베푼다.'고 대담하게 마음으로 정하고 있었다.

그는 이 사무실에서 일과를 하루도 거르지 않고 매일 계속했다. 그리고 더욱 건강과 행복의 은혜를 받게 되고, 사업상으로는 신제품을 비롯한 개발을 위한 새로운 아이디어 몇 가지를 제공하게 되었다.

그 결과, 이 비즈니스는 그의 예상을 훨씬 넘어서는 큰 발전을 이루어 갔다. 그러는 사이에 그는 중역의 계단으로 계속 올라가 2년 후에는 거대한 기업의 대표 이사로 선출되었다.

신의 비즈니스는 언제나 번영한다는 것을 그는 자기 스스로 증명했다. 똑같은 것을 당신도 스스로 증명해 보라.

생각을 바꾸면 운명도 바뀐다

당신이 만약 오늘 무엇인가 돈을 지불할 것 같지 않거나, 혹은 오늘 당신이 무엇인가 실패를 자초할 것 같은 마음이 들면, 당신이 하지 않으면 안 될 유일한 일은 바로 당신의 생각을 바꾸는 것이다. 그러면 그것에 따라 환경 조건이 달라질 것이다.

당신은 매 순간 마음의 움직임을 그대로 나타낸 외적 생활을 영위하고 있다. 오늘 당신의 신상에 일어나려는 것은, 오늘의 당신 생각과 감정의 결과이다.

오늘의 일을 공정하게 생각하라. 미래란 언제나 앞일을 생각하는 현재 사고의 결과이다. 당신의 생각을 지금 바꾸라. 그리고 그것을 협조적이고 평화스러운 성공으로 이끌도록 하라.

오늘의 고뇌는 오늘의 사고 결과이다. 신적 지성에는 시간과 공간이 없다. 당신의 행복은 지금 이 순간에 존재하고 있다. 과거도 미래도 현재의 사고 속에 있다. 왜냐 하면 당신이 생각하고 있는 것은 바로 지금이기 때문이다.

당신은 이 순간 살아 있다. 이 순간의 당신을 바꾸라. 그리고 당신의 운명을 바꾸라.

이 순간이야말로 당신이 당신의 통제를 취할 수 있는 찰나이다.

고대 힌두교의 승려가 "신—당신의 행복—은 영원이며 현재이다."라고 한 말의 의미가 거기에 있다.

비즈니스에 성공하는 3단계 기술

어떤 젊은 부인이 아주 훌륭한 미용실을 열어 번창하고 있었다. 그런데 어느 날 그녀의 어머니가 병이 나자 어쩔 수 없이 일을 중단하고 어머니의 병 간호 때문에 집에서 많은 시간을 어머니 곁에서 보내야만 했다.

그래서 그녀가 집에 있는 동안에 두 사람의 보조가 영업 자금을 써버려

본의 아니게 젊은 부인은 아주 많은 빚을 지고 말았다. 그녀는 그 손실을 메우기 위해서 다음의 3단계를 밟을 결심을 했다.

첫째. 이웃 은행의 지점장이, 자신이 많은 예금을 한 것에 대하여 사례를 말하는 대목을 상상했다. 이것을 하루에 여러 차례—한 차례에 5분 정도씩—계속 생각했다.

둘째. 상상 속에서 어머니가 "나는 네가 가게를 비워도 운영이 잘 되는 것이 기쁘다. 굉장한 손님들이 많이 오겠다……." 하고 자신에게 말하는 것을 들었다. 그녀는 어머니의 이 행복한 듯이, 기쁜 듯이 하는 소리를 하루에 여러 차례—3분 내지 5분 동안—계속하여 들었다.

셋째. 잠들기 직전에 다음과 같은 것을 긍정했다.

"나는 개개인의 손님에게 정성을 다 한 서비스를 한다. 미장원에 오는 모든 사람들을 하느님은 나를 통해서 축복한다."

3주가 지나기 전에 그녀의 미용실은 다시 번창하기 시작했고, 새 보조를 고용하지 않으면 안 될 정도가 되었다.

얼마 후 그녀는 결혼했다. 그녀의 남편은 결혼 선물로 2만 달러를 선물로 주고, 그녀는 그것으로 미용실을 확장하고, 새 시설을 갖추었다.

올바르고 공정한 가격이란?

토지·빌딩·점포 따위의 매매에 관한 의견을 자주 질문받곤 한다. 이것은 당신이 팔거나 사거나 하고 싶다고 생각하는 어떤 종류의 물건에도 해당되는 일이다. 당신이 팔고 싶다고 생각하는 것은, 당신이 소유물을 무엇인가와 교환하고 싶기 때문에 내놓는다는 것을 의미하고, 또한 누군가 그 것을 받을 용의가 있다는 것을 의미한다.

매매에 있어서는 당신이 올바를 때에 올바로 사는 사람이나 파는 사람과 만날 것을 생생하게 마음에 떠올려야 한다. 그렇게 하면 당신의 잠재의식 이 올바른 상대를 맞추어 준다.

당신의 견인 법칙을 사용하고 있으므로, 그 거래에 완전히 만족하는 상 대와 당신은 장사를 할 수 있게 된다. 모든 사실에 신적인 질서가 있다.

당신이 무엇인가를 팔 경우, 당신이 상대에게 요구하는 값은 당신이 만약 그것을 살 입장에 놓였을 경우 당신이 즐겨 지불하는 값과 같으면 그것은 항상 올바르고 공정한 것이다.

위대한 성공을 위한 기도문
"내가 내 아버지 집에 있어야 될 줄 알지 못하셨나이까?"

〈누가복음〉 제2장 49절

각자의 비즈니스—또는 당신의 전문적인 활동—가 신의 비즈니스인 것 을 알고 있다. 신의 비즈니스는 원래부터 언제나 성공한다. 나는 나날이 지 혜와 이해를 얻어 성장하고 있다. 신의 부유의 법칙이 나를 위해서 나의 주 위에 끊임없이 작용하고 있다는 것을 알며 확신하고, 이것을 진실로서 받 아들인다.

나의 비즈니스또는 당신의 일는 올바른 행동과 올바른 표현으로 충만한다. 내가 필요로 하는 아이디어와 돈과 물건과 계약은 지금도 나의 것이다. 이러한 모든 것은 우주의 견인의 법칙에 의해서 거역할 방법이 없이 나에게 밀려온다.

신은 나의 비즈니스의 생명이다. 나는 모든 때와 경우에 신적으로 인도되고 영감을 부여받는다. 나는 날마다 놀라운 기회를 얻어 성장하고, 진보하고, 발전한다.

나의 선의善意를 보다 더 크고 강한 것으로 한다. 그리하여 나는 위대한 성공을 거둔다. 왜냐 하면 나는 나에 대해서 해 주었으면 하고 생각하는 것과 같은 방식으로 사람들과 비즈니스를 하기 때문이다.

요약

① 모든 비즈니스는 신의 비즈니스이다. 신의 비즈니스는 항상 번영한다. 모든 것을 신의 영광을 위해서 즐겁고 기쁘게 행하라.

② 모든 상거래에 있어서 신이 당신의 동반자라는 것, 또한 신이 당신의 고객이나 상대에게도 내재하고 있다는 것을 깨달으라. 당신은 모든 경우에 지시를 받고 인도된다.

③ 신이 유일한 당신의 고용주이다. 이것을 깨달으면 당신은 언제나 풍부하게 보수를 받고, 영속적인 깊은 평안을 얻을 수 있다.

④ 당신의 마음을 차지하고 있는 정신적인 태도가 당신의 진짜 보스이다. 마음의 관념이 우리들의 주인이며, 우리들의 태도를 결정한다.

당신의 마음은 감정을 곁들인 조화와 성공과 번영의 관념으로 충족시키고, 그것을 가슴에 계속해서 품으라. 그렇게 하면 가장 좋은 보스를 안으로 가지고, 똑같은 일이 밖으로도 나타나게 될 것이다.

⑤ 세일즈에 성공하기 위해서는, 당신은 먼저 고객에 대한 서비스에 철저할 것을 첫째로 생각하지 않으면 안 된다. 그렇게 하면 당신의 성공은 확실하다.

⑥ 당신이 만약 놀라운 목소리를 타고 났다면 당신의 소리는 신의 소리라는 것, 당신의 노래는 관객을 매료하고 그들에게 기쁨을 준다는 것을 알라. 이것이 명성과 영광에 이르는 길이다.

⑦ 비즈니스가 만약 제대로 되지 않으면 이렇게 생각하라.

"무한한 예지는 내가 봉사할 수 있는 보다 좋은 방법을 보여 준다."

당신의 비즈니스는 비약을 거듭하게 될 것이다.

⑧ 당신의 오늘의 경험은 어제가 원인이 된 것이 아니고, 당신의 현재 사고가 밖으로 나타나 있는 결과이다.

당신의 사고를 지금 바꾸라. 그렇게 하면 모든 것이 바뀌어진다. 지금만이 그 순간이다. 또한 미래는 현재의 당신 사고에 의해서 결정된다.

⑨ 물질 매매에 있어서는, 당신이 올바를 때에 올바른 상대를 만난다는 것을 마음에 떠올리라. 견인의 법칙이 요구하는 상대를 끌어들여 그 거래는 상호 만족과 조화와 평화로 충만될 것이다.

14

가난한 마음은 결코 부를 얻지 못한다

You infinite power to be rich

우리들은 우주 만물의 주재자가 사치를 다 한 창조물을 바라볼 때 이 세상의 모든 것이 얼마나 풍부한지 느끼지 않을 수 없다. 하늘과 땅은 한없이 풍족하고, 엄청나게 화려하고, 모든 것에 대범하다.

우리들은 각자가 어떠한 인생을 살든 누구나 다 이 헤아릴 수 없는 감회에 젖는다.

생명의 법칙은 우리들 일상에 필요한 양식을 훨씬 넘어선 이 무한한 부를 우리들에게 주려 한다.

성경에서는 이렇게 말하고 있다.

"땅과 거기 충만한 것과 세계와 그 중에 거하는 자가 다 여호와의 것이로다."

〈시편〉 제24편 1절

이 세상에 존재하는 단 하나의 결핍은 사람의 강한 욕심·이기주의·공포·

악용 등에 의한 것이다.

대자연의 부가 올바르고 현명한 방법에 의해서 배양되고 분배되었다면, 모든 사람들의 생활에 필요한 물질적인 부는 충분히 보충되고도 남음이 있다.

부富를 자기의 생활에 가지고 오는 방법

몇 해 전에 오스트레일리아의 시드니에서 잠재의식의 기적에 관해서 일련의 강연을 하고 있을 때의 일이다. 그 곳의 한 치과의사가 아주 재미있는 이야기를 들려주었다.

이 치과의사가 개업했을 무렵, 그의 마음은 아주 가난했기 때문에 그 가난한 의식으로 인해 자신을 찾는 환자들도 모두 가난한 의식에 사로잡힌 사람들뿐이었다는 것이다.

다음은 그가 자기의 생활에 물질적인 부를 가져온 방법이다.

어느 날 밤 '마음의 상像을 그리는 힘'에 관한 강연을 듣고 집으로 돌아가는 길에 그는 자기의 주위가 온통 지폐로 가득 차 있는 장면을 상상하고, 그 지폐가 빈틈 없이 쌓여 있다는 것을 느끼기 시작했다. 그의 마음에 그려진 그림은 마치 집 밖에 서 있는 나무를 보는 것처럼 사실적이라고 말했다.

그는 또한 주머니를 상상의 지폐로 채우기도 했으며, 그러한 지폐는 손에 만져지고 눈에 보이는 진짜 지폐처럼 생각되었다고 했다.

그는 갑자기 깨닫게 되었다, 신앙과 이해력으로 신의 풍족함에 관해서 자진해서 고찰하려는 사람이라면 누구든지 끌어들이고 이용할 수 있는 무한한 부가 있다는 것을.

그 후 그에게로 실력자나 풍족한 사람이 찾아오고, 자기로서는 도저히 감당할 수 없는 많은 환자가 밀어닥치게 되었다는 것이다. 예전의 그의 검약에 투철했던 옹색한 생활 태도가 풍족한 사람들을 멀리한 것의 원인이었던 것이다. 그는 마음 속의 사고와 영상의 힘이 실제로 눈에 보이는 부를 가져다 준다는 것을 깨달았다.

사고는 모든 것이 생기는 원인이자 시작이다

예를 들어, 피아노가 탐이 난다고 가정하자. 그러나 그저 피아노의 모습을 마음에 그리는 것으로 모든 것이 다 이루어진다는 말은 아니다.

뿐만 아니라, 그 악기가 누구의 손도 빌리지 않고 당신의 방으로 운반되는 일은 없다.

당신은 악기로 곡을 연습하기 위해서 피아노를 필요로 하지만 피아노를 살 돈이 없다고 가정하자.

멋진 피아노에 대해서 생각해 보라. 마음의 눈으로 그것이 당신의 방 안에 있는 것을 보라. 그리고 건반에 손가락을 대어 그 감촉을 느끼라. 손으로 피아노의 표면을 죽 만져 보라. 그리고 절대적인 확신을 가지고 피아노가 실제로 거기에 있다고 생각하고 느끼라. 그 피아노는 이미 당신의 마음 속에 실제로 존재하고 있다.

왜냐 하면 그것은 피아노가 이 세상에 생겼을 때 처음에 제작자의 마음 속에 사고의 형태로 존재하고 있었던 것과 마찬가지이기 때문이다.

당신의 마음 속에서 탐이 나는 피아노의 이미지가 생긴다면, 그것은 이제 당신 것이라고 확신하라. 그 다음에는 당신의 잠재의식에 맡기라.

잠재의식은 신적인 질서를 가지고 당신이 피아노를 얻을 수 있도록 꾀해 줄 것이다. 당신의 잠재의식의 무한한 예지는 사람들의 마음에 작용하며, 결국 그것은 생각지도 못할 방법으로 현실로 나타날 것이다.

사고는 이 세상에 있는 모든 도구나 기계가 생기는 원인이 되었다. 사고는 또한 수백만 대의 자동차·컴퓨터, 모든 가정용품을 개량하고 끊임없이 새로 생산해 내고 있다.

그리고 이 우주 시대의 이러한 모든 기계류의 발명·발견·개량은 언제나 인간의 목적에 들어맞는 사고에 의해서 얻어지게 된 것이다.

상상한 대로 결국 이루어진다

1944년의 일이다. 우리 집에서 서너 집 건너에 어린 스페인 소녀가 살고 있었다. 나는 소녀의 가족을 잘 알고 있어 가끔 그 집을 방문했었다. 소녀는 그 때 8세 가량으로서, 그 지역의 사립 학교에 다니고 있었다.

소녀는 가까운 공원에서 자전거를 타고 싶어했다. 그래서 여러 달 동안이나 부모에게 자전거를 갖고 싶다고 졸랐다.

그러나 그 때마다 소녀의 어머니는 한결같이 이렇게 대답하곤 하였다.

"왜 이렇게 귀찮게 굴어. 지금 우리 나라는 전쟁 중인 것을 알지? 그러니까 자전거 같은 건 아무 곳에도 없어."

하지만 어머니의 이 말에 소녀는 동의할 리 없고, 그전보다도 더 자전거를 사달라고 졸라댔다.

이 소녀는 전형적인 왈가닥으로서, 언제나 이웃의 사내아이들과 싸워 눈가에 멍을 만들었다.

어느 날 밤 소녀에게 나는 이렇게 말했다.

"메어리, 메어리는 말이야, 자전거를 가질 수 있어. 아저씨는 어디서 자전거를 구할 수 있는지도 알고 있지."

그러자 메어리의 눈빛이 갑자기 빛났다. 소녀는 눈을 깜박거리며 물었다.

"어디서요?"

"곧 침대로 가서 눈을 감고, 남자 친구든 여자 친구든 차례차례로 메어리의 자전거를 타고 공원에서 놀고 있는 장면을 상상해 봐. 그리고 친구들이 생글생글 웃는 얼굴을 봐. 하느님은 말이야, 메어리에게 혼자서만 자전거를 타지 말고 자전거가 없는 친구들에게도 빌려 주라고 말하고 있어. 그렇게 하면 메어리는 모든 친구들을 행복하게 해 줄 수 있는 거야?"

"좋아요. 하느님이 만약 그것을 원한다면 그렇게 하겠어요. 하지만 엄마는 이번 크리스마스에 산타클로스 할아버지께서 자전거를 갖다 주지 않을 거라고 이야기했어요."

"메어리, 아저씨가 말하는 대로 해 봐. 침대에 들어가면 눈을 감고, 공원에서 메어리가 자전거를 타고 있는 장면을 상상하고, 네가 정말 자전거를 타고 있는 듯한 기분이 되는 거야, 그리고 이것도 잊어서는 안 돼. 친구들도 차례대로 메어리의 자전거를 타고 즐기는 장면을 분명히 보는 거야, 친구들이 매우 재미있어 하며 활짝 웃고 있는 것을 봐. 그러는 동안에 메어리는 반드시 자전거를 갖게 돼. 하느님이 산타클로스에게 어딘가에서 자전거를 찾아오라고 말할 거야. 자, 침대에 들어가서 푹 자는 거야."

다음 날 오후, 메어리는 여자 친구와 둘이서 집 가까이에 있는 작은 백화점에서 놀고 있었다.

그런데 저녁 6시 무렵, 메어리는 갑자기 울부짖었다. 그리고 가까이 있었던 한 아주머니가 메어리에게 말을 걸었다.

"아니 얘야, 왜 그래? 어디 다쳤니?"

메어리는 대답했다.

"아네요, 어젯밤 우리 집에 왔던 아저씨가 제게 말했어요. 하느님이 산타 클로스에게 어딘가에서 자전거를 갖고 오도록 말할 테니까 곧 자전거를 얻게 된다고요. 그런데 점점 어두워지는데도 아직 자전거가 없어요."

그 부인은 화를 내며 말을 했다.

"그 사나이가 그런 말을 할 권리는 없어."

부인은 자기가 살고 있는 아파트로 이 소녀를 데리고 가더니 자전거 한 대를 메어리에게 주었다. 그것은 2년 전에 죽은 부인의 딸이 탔던 것이었다.

그 부인은 일찍부터 누군가 하느님을 사랑하는 아이에게 그것을 주고 싶다고 항상 생각하고 있었던 것이다.

이것이 바로 생각하는 힘이다.

"……너희 믿음대로 되라 하신……"

〈마태복음〉 제9장 29절

역경을 벗어나는 방법

최근에 파산한 사나이와 이야기를 했다. 그는 집을 잃은 데다가 관절염까지 겹쳐 고생스럽지만 그 역경을 이겨내려고 허덕이다 점점 더 꼼짝할 수 없는 상태에 이르렀다.

그에게는 악순환이 계속되고 있었다. 그는 말했다.

"어째서 나만 일이 안 될까요? 기도도 하고 좋은 일도 많이 했어요. 그런데도 왜 나만 이처럼 괴로움을 당해야 하는 것일까요?"

그가 규칙적으로 기도를 하고 있는 것은 사실이었다. 그런데도 물질적인 풍요를 얻을 수 없었던 이유는 그의 말을 듣는 동안에 알았다. 그는 지금까지 10년이라는 긴 세월 동안 공동 사업을 하는 사람에게 질투를 하고 있었기 때문이었다.

그리고 복수에 대한 생각과 함께 마음은 비뚤어져 있었다. 상대를 용서하는 것을 완강하게 거부했을 뿐만 아니라, 그 상대를 저주하고 비난까지 퍼부었다. 이 마음이 그의 진짜 장해였다.

나는 그에게 다음과 같이 설명했다.

당신의 공동 사업자에 대한 증오와 악의는 오랫동안 잠재의식 속에서 자라나 파괴적인 감정에 사로잡혀 버렸다는 것, 그리고 이러한 증오·질투·복수 등의 감정은 당연히 그 배출구를 구하게 되었고, 그것이 발전하여 결국 여러 가지 결핍과 한계를 초래하게 되었으며, 이상의 모든 것이 당신의 파산과 육체적 질환의 원인이었다고.

그는 내적인 평화를 구하고, 그것과 조화하는 것으로써 마음을 고치는 방법을 알았다. 그리고 그는 내적으로 존재하는 신적 지성과 신적 조정調整을 신적 방법으로 자신에게 가져다 주리라고 확신하게 되었다.

그는 생활의 기초를 모든 것의 기원이며 불후의 근원인 신에게 두었다. 일찍이 질투했던 사나이를 매일 축복하고, 신의 조화와 건강, 평화와 번영이 그에게 올 것을 기도했다.

몇 달 안 되어 조류가 변해서 순조롭게 그는 또다시 성공과 번영의 길을 되찾았다.

환경의 강한 압력을 이겨내는 방법

어느 아름답고 매력적이고 품위 있는 부인이 일요일 아침마다 나의 강연을 들으러 왔다. 언젠가 그녀는 소녀 시절에 있었던 일들에 관해서 이야기를 해 주었다. 그것은 그녀에게 가장 비참하고 무서운 시대였다.

어느 날 갑자기 그녀는 소련의 게토와 같은 곳에 연행되어 갔다. 그 곳에서는 그녀가 속한 인종에 대한 조직적인 학살이 행해지고 있었다.

굶주림으로 고통을 받으며 누더기를 걸치고 있었던 그녀는 어느 새 미국으로 가고 싶다, 그리고 음악을 배우고 싶다는 강렬한 소망을 품게 되었다. 또한 속박된 환경과 노예와 같은 구속에서 신념으로써 탈피하고 싶다고 열망하였다.

전쟁이 일어났을 때, 그녀는 지원하여 종군 간호사가 되었다. 나중에 그녀는 독일군에게 체포되어 포로로서 그 수용소 안의 사람들을 위해서 일했다.

그 곳에 있는 동안에도 그녀는 멀리 로스앤젤레스에 살고 있는 큰아버지와 다시 만나 서로 껴안고 있는 모습을 끊임없이 마음 속에 그렸다. 그녀의 마음 속에는 그 큰아버지가 "미국으로 잘 왔어." 하는 소리가 들렸다.

매일 밤 그녀는 큰아버지가 부드럽게 위로하며, "미국으로 잘 왔어." 하는 상상의 소리를 듣고 잠이 들었다.

미국군이 그녀의 캠프에 도착했을 때 그녀는 통역사로서 활동했다. 얼마 후 그녀는 미국 보병 사단의 장교와 사랑을 하게 되었고, 드디어 미국으로 건너가게 되었다.

오늘날 그녀는 놀라운 음악가로서, 또한 훌륭한 교사로서 수많은 학생들에게 사랑을 받고 있다. 그녀는 놀라울 정도의 충분한 돈도 가지고 있다. 게다가 훌륭한 환경에 집을 장만하고, 하고 싶은 일은 무엇이든 하며 전 세계를 두루 여행하고 있다.

이 부인의 이야기는 빈곤에서 어떻게 벗어나서 부에 이르는가를 우리들에게 잘 보여 주고 있다.

그녀는 실제로 개인적인 달성으로는 상당한 높이까지 이르고 있다. 그녀는 자기의 영혼을 말라 버리게 하는 것 같은, 예를 들어 다른 사람에 대한 분노와 증오, 몹시 불쾌한 감정이 자기의 마음 속에 자리 잡는 것을 결코 허용하지 않았다.

환경의 강한 압력을 이기고, 그것을 뛰어넘어 이와 같은 삶의 높이까지 사람을 끌어올리는 힘이 자기의 마음 속에 있다는 것을 그녀는 잘 이해하고 있었다.

다음은 그녀가 특히 좋아하는 성경의 한 구절이다.

"내가 어떻게 독수리 날개로 너희를 업어 내게로 인도하였음을 너희가 보았느니라."

〈출애굽기〉 제19장 4절

승리를 가져오는 세 낱말, 기쁨·성공·부

어느 영화 배우가 들려준 이야기인데, 자신이 계속 고통을 받고 있었던 마음 속의 잘못된 관념과 어두운 기분을 깨끗이 씻어내는 데 놀라울 만한 효과를 얻은 방법이 있다는 것이다.

그것은 기쁨·성공·부의 세 낱말을 자주 외우는 것이었다. 집 안에서 일상적인 일을 할 때에도 그녀는 이 세 낱말을 노래하듯 가락을 붙여 중얼거렸다.

이것을 10분이나 15분 정도 되풀이하면 아무리 우울하더라도 반드시 기분이 상쾌하게 되고, 의욕이 치솟는 것이었다. 또한 그녀가 경제적인 일로 의기 소침했을 때나 출연 계약이 뜻대로 되지 않았을 때에도 항상 이 세 낱말을 중얼거렸다.

그녀는 이 세 낱말이 자신의 보이지 않는 잠재의식의 힘을 불러일으키는 이상한 작용을 한다는 것을 알 수 있었다. 그녀가 자신의 마음에 이러한 낱말의 명확한 현실성을 제대로 연결함으로써 자신의 생활에 세 낱말이 가지는 본성에 일치하는 성과가 나타난 것이다.

자신은 잇따라 계약을 맺어, 최근 8년 동안 매우 성실한 생활을 하고 있다고 했다.

그녀가 발견한 것은 단순한 진리였다. 그것은 일찍이 그녀의 생활이 뜻하지 않았던 외적인 조건이나 환경은 곧 그녀의 내적인 감정인 답답한 기분이나 걱정의 표출에 지나지 않았던 것이다.

그녀가 자기의 공포나 걱정, 답답한 심리적 기분을 달리했을 때 그녀의 외적 환경도 바꿀 수 있게 된 것이다.

기쁨·성공·부, 이것은 실로 그녀의 승리의 노래였다. 이것은 또한 당신의 생활을 승리로 이끄는 노래이기도 하다.

부富의 근원은 한이 없다

생명의 법칙은 빈곤이 아니라 풍요를 주장한다. 우주는 무한하고 끝이 없는 영원한 공급책이다. 그리고 당신은 그 보이지 않는 도움을 받고 있다. 왜냐 하면 신의 부의 근원에는 한이 없고, 당신 부의 근원에도 한이 없기 때문이다.

신은 당신에게 두 손을 주었다. 당신은 그것으로 우주의 멜로디를 연주한다. 혹은 신을 숭배하고 찬미하기 위해서 그것으로 아름다운 탑과 전당과 사원을 세운다.

신은 당신이, 당신의 놀라운 방법으로 재능을 표현하길 바라고 있다. 신은 사람들을 위하여 사랑의 노래를 할 수 있는 소리를 당신에게 주었다.

신은 당신에게 나무가 하는 말과 흐르는 시냇물이 노래하는 소리를 듣는 귀를 주고, 들 속에서 교훈을, 그리고 모든 것 속에서 신을 찾아내는 눈을 당신에게 주었다.

당신이 춤추고 싶다는 소망은 우주의 움직이는 춤의 힘을 당신에게 나타내려고 하는 신의 의도이다. 전 세계는 신의 예술이다.

그림을 그리고 싶다는 당신의 소망은 인생을 채색하고 싶어하는 예술가인 당신을 통해서 표현되고 싶다고 바라는 신의 의지이다.

하늘의 음악을 들으라. 신의 조용하고 나직한 소리에 귀를 기울이라. 그 소리는 말한다, "가라, 이것이 너희의 길이니라."라고.

세계를 여행하고 싶고 탐방하고 싶어하는 당신의 소망은, 신이 당신에게 세계를 보이고 싶다고 생각하는 신의 소망과 계획이다. 그리고 당신이 세계의 신비를 찾아 그 아름다움·질서·조화·리듬, 그 밖에 모든 사물의 관계를 충분히 감상했으면 하고 바라는 증거이다.

신은 당신이 자유롭고 행복하고 기쁨에 찬 나날을 보내기를 바라고 있다. 신은 사람들이, 그리고 당신이 호화스러운 집에 살며 좋은 옷 입기를 바라고 있다.

신은 당신의 승리에 빛나고 영광에 찬 멋진 생애를 살 것을 바라고 있다.

"너희 안에서 행하시는 이는 하느님이시니 자기의 기쁘신 뜻을 위하여 너희로 소원을 두고 행하게 하시나니……."

〈빌립보서〉 제2장 13절

부에 대한 당신의 소망은 신이 그 부를 당신에게 알게 하려고 하여 당신에게 이렇게 말하고 있다.

"얘, 너는 항상 나와 함께 있으니 내 것이 다 네 것이로다."

〈누가복음〉 제15장 31절

요약

① 우주는 한없이 풍족하고, 모든 것에 대하여 대답한다. 생명의 법칙은 이 한없는 부를 당신에게 주려 하고 있다.

② 당신이 만약 가난한 마음의 소유자라면 가난한 의식을 가진 사람만 가까이 있을 뿐 결코 부를 얻을 수 없다.

③ 당신이 바라는 것을 분명한 형태로 그리고 생각하라. 그것으로 당신의 방 안에 있는 것을 보라. 손으로 만져 보고, 그 물건이 가지고 있는 감촉을 느끼라. 그러면 그것은 당신의 것이 된다.

④ 당신이 무엇인가를 진정으로 마음에 받아들일 때, 마치 자전거를 탐내었던 소녀가 아주 낯선 사람으로부터 자전거를 선물로 받은 것처럼, 잠재의식은 당신이 잘 알지 못하는 형태로 그것을 현실로 되게 만들어 준다.

⑤ 증오·악의·복수의 관념은 부에 대한 기도의 방해가 된다. 그리고 부가 당신에게 흘러오기는커녕 당신으로부터 오히려 나가는 원인이 된다. 당신이 자기에게 바라는 것과 똑같은 것을 다른 사람에게도 바라라, 그것이 부에 이르는 열쇠이다.

⑥ 세 낱말이 기적을 가져온다. 기쁨·성공·부, 이것을 항상 노래하고 마음 속에 새겨 두라. 이것은 신의 진실한 모습이며, 동시에 당신의 진실한 모습이다.

⑦ 신은 당신이 자유롭고 행복하고 기쁨에 찬 나날을 보낼 것을 바라고 있다. 신은 당신이 한층 풍부한 삶을 살 것을 바라고 있다. 신은 기쁨에 넘쳐 있어 어두운 곳이 없다.

부 록

01 당신의 사고와 마음가짐이 당신의 운명을 창조한다
02 고통과 고민을 이기는 마음의 법칙
03 자신을 가지고 성공의 신념을 확립하라

01

당신의 사고와 마음가짐이
당신의 운명을 창조한다

You infinite power to be rich

"사상이 이 세상을 지배한다."라고들 흔히 말한다. 사상은 언제나 그에 따라서 행동한다. 랄프 왈도 에머슨은 이렇게 말한 적이 있다.

"사상이란 함께 따를 수 있는 사람들만의 재산이다."

그는 또한 이렇게 말한 적도 있었다.

"인간이란 하루 종일 그 자신이 생각하는 바로 그 존재이다."

당신은 자신의 생각을 존경하고 건전한 관심 갖기를 배우라. 통상적인 마음의 평정과 마찬가지로 당신의 건강·행복·성공 등은 당신이 상상의 힘을 느끼는가 느끼지 못하는가에 따라 크게 좌우된다.

사고는 사물이며, 사고는 바로 그것을 연출해 보인다는 것을 당신은 들은 적이 있었을 것이다. 당신의 생각은 정신적인 진동이다. 또한 그것은 명확한 힘이다.

당신의 행위는 당신 개인이 생각하는 외면적·일반적인 표시 표현에 지나지 않는다. 당신의 생각이 만약 총명하다면 당신의 행위 역시 현명할 것이다. 당신이 어떤 착상을 깊이 고려할 때 실제에 있어서 그와 같은 잠재적인 힘을 행위하도록 풀어헤치고 있는 것이다.

윌리엄 셰익스피어는 이렇게 말했다.

"우리들의 사고는 우리들 자신의 것이다. 그러나 그 결말은 결코 우리들 자신의 것이 아니다."

진실하고 아름답고 고상한 것이면 어떤 것이든 생각하라. 그리고 당신이 생각하는 것의 권위를 확신하라.

당신의 사고가 지니는 광대 무변한 힘을 믿으라. 그렇게 생각을 하면 생각하는 대로 이루어진다는 것을 당신은 깨닫게 될 것이다.

당신이 진실이라고 생각하거나 느끼는 것이라면 어떤 것이든 당신의 생활 속에 현실화된다. 당신의 사고와 마음가짐이 당신의 운명을 창조하는 것이다.

당신의 사고가 관계되는 한 기분은 이해 관계를 의미한다는 것이 분명하다.

"그 마음의 생각이 어떠하면 그 위인도 그러한즉, 그가 너더러 먹고 마시라 할지라도 그 마음은 너와 함께 하지 아니함이라."

〈잠언〉 제23장 7절

이와 같은 성경 구절의 의미이다.

당신이 참되게 자기의 직업·일, 그리고 특별한 임무에 흥미를 가질 때 당신은 그것에 관심이 있는 것이므로 성공하게 된다.

당신은 자기가 생각하는 것의 실현을 마음 깊은 곳에서 생각하고 또한 느끼고 있다. 그리고 그것이 곧 '마음 속에서의 생각'이 되는 것이다.

사고의 힘에 자신을 가지고 생각하도록 하라. 그러면 당신의 생활에는 분명한 기적의 힘이 나타날 것이다.

풀기 어려운 사건을 해결한 탐정

지난해 나는 어떤 탐정과 이야기를 나눈 적이 있다. 그 때 그는 지난 몇 달 동안이나 해결되지 않는 어려운 사건이 있어서 이를 해결하려고 여러 가지로 생각을 해 왔으나 도대체 해답이 나오지 않는다는 것이다.

그것은 분명 어려운 사건이었다. 왜냐 하면 범인이 이미 국외로 나가 버렸기 때문에 현재 진행되고 있는 수사가 거의 절망적이라고 믿고 있었던 것이다. 나는 그가 절망적으로 생각하고 있다는 것을 알았다.

나는 그에게 하여야 할 일은, 마음 속에서 믿고 있는 것과 생각하고 있는 것을—그가 마음 속에서 느끼고 있는 것의 그 성질—바꾸는 일이라고 말하였다.

실제에 있어서 그는 두 가지 마음을 가지고 있다는 것, 그리고 그의 잠재의식에 대한 광대 무변한 영지는 전지 전능하며, 그것은 틀림없이 범행에 가담한 범인들의 거처를 그에게 제시할 수 있다는 것을 깨닫고, 마음 속에서 이를 믿고 자신의 마음을 바꾸도록 하라고 설명한 것이다.

그는 자기의 기도나 사고 방식은 모순투성이이며, 머릿속에서는 한 가지 이야기를 하고 있으나 마음 속에서는 그와는 다른 말을 하고 있는데, 이제까지 아무런 해결도 볼 수 없었다는 것을 그 자리에서 깨달은 것이다.

그는 다음과 같은 기도문을 이용하였다.

"내 속에 있는 무한의 영지가 주권을 장악하고 있다는 것을 깊이 신앙하고, 그리고 확신하고 있습니다. 나는 지금 위대한 제작자입니다. 나의 가장 깊은 마음에 대하여 나는 지금 이 특별한 사건을 해결하도록 나의 요구를 인도하고 있는 중입니다.

나는 나의 잠재의식으로부터 그에 대한 해답이 자동적으로 나오리라는 것을 알고 있습니다. 나의 마음은 이와 같은 신앙이 지금 이 순간에 하느님의 질서에 따라 움직이고 있다는 것을 알고, 해답에 대하여 무한한 고마움을 드립니다."

매일 밤 그는 언제나 신선한 최초의 시기에 있어서의 감격을 담아, 자기 잠재의식에 대하여 자기의 요구를 인도하였다. 그렇게 하기 위해서 끊임없이 자기의 생각하는 형태를 강화시키는 훈련을 거듭하였다.

그로부터 1주일째 되는 날, 그의 기도는 잠재의식의 보다 깊은 층으로 스며드는 데 성공하고, 그는 확신을 얻었다.

8일째 되는 날 아침, 그가 수염을 깎고 있을 때 갑자기 남부 캘리포니아의 어느 조그만 도시의 일이 머릿속에 떠올랐다.

그는 친구와 함께 그 도시를 찾아갔다. 그리고 술집에서 노닥거리던 두 명의 범인을 발견하고 체포했다.

물론 그는 도난당했던 보석도 무사히 되찾았다.

그는 의심할 것도 없이 광대 무변한 권위를 가지고 생각할 때의 기적을 입증한 것이다.

주위의 장해를 물리친 기도문

얼마 전의 일이다. 내가 팜 온천에서 강의하고 있을 때 팜 호텔에서 만난 한 남자가 이렇게 물어온 일이 있었다.

"16년 전 박사님께서 나에게 하신 말씀을 기억하고 계십니까?"

나는 물론 그에게 하였다는 이야기를 도저히 기억할 수 없었는데, 그 사람이 그 때의 이야기를 함으로써 나의 기억을 되살려 주었다.

그는 그 때 미국으로 건너오고 싶어하던 중이었는데 여권을 발급받는 일, 할당 제도나 경제적인 문제, 그리고 미국에 아는 사람이 없다는 등의 여러 가지 어려운 문제가 많아서 망설이고 있었다.

그 당시 나는 이런 말을 했던 것으로 기억한다.

"당신은 지금 단지 장해나 어려운 문제들, 그리고 방해를 받게 될 것이라는 것만을 생각하고 있군요. 따라서 주위의 조건이나 그 사정에 좌우되고 있습니다."

사실상 그러한 생각은 참된 사고 방식은 아니었다. 마음이란 것은 생각하는 바를 확대한 것으로서 그와 같은 일을 생각한다는 것은 어리석고 불합리한 것이었다.

15년도 더 되는 옛날에 내가 그를 위하여 적어 주었던 기도문을 나에게 보여 주었다.

"무한의 영지靈智가 내가 생각하는 바에 해답을 주십니다. 그 이유는 영지의 성질이 지극히 감응적이기 때문입니다. 하느님의 질서에 의하여 미국으로 가는 길이 열리게 되리라는 것을 나는 알고 있습니다. 나는 만족할 만한 해답이 나오기까지 조용히 흥미를 가지고 이 일을 생각할 것입니다.

나의 요구에 대한 해답을 조용히 생생하게, 그리고 신중히 생각하고 있을 때 나는 잠재의식을 통한 상상의 지혜를 활동적으로 움직인다는 것을 알게 됩니다. 그러자 잠재의식이 이를 인계하여 나의 소망을 실현해 주는 데 필요한 모든 수단을 나로 하여금 이용하게 하는 것입니다."

그는 약 1개월 동안 아침저녁으로 이 기도문을 명상하였다고 말했다.

그러자 그 달 말쯤 자신은 미국의 한 실업가를 만나게 되었는데, 이 때 자신이 이 미국 실업가의 인도 관광을 안내했다는 것이다.

그 미국 사람은 그 청년의 친절한 안내에 크게 감명을 받았다. 그래서 그 미국 사람은 이 청년에게 뉴욕까지의 배표를 준비해 주었으며, 더욱이 훌륭한 조건으로 이 젊은이를 자신의 운전사로 채용했다.

이 젊은이는 그 자신이 정신적으로 하고 있는 일을 이해하고 있었다. 그리고 그 자신이 이해하고 생각하는 것을 받아 새겨 넣은 자신의 잠재의식이 뉴욕의 한 기업가의 마음에 영향을 주었다. 그래서 인도에서의 이 젊은이의 소망을 달성하도록 해 주었던 것이다.

당신은 다음과 같은 사실을 기억해야 한다.

나에게 내가 목표하는 것에 이르게 해 주는 듯이 보이는 모든 사람들은 그 모두가 내가 나의 인생 드라마를 전개하는 것을 원조하기 위하여 보다 깊은 당신의 광대 무변한 마음이 초대한 그 심부름꾼에 지나지 않는다."

참된 생각의 판단 기준

최근 한 남자가 나에게 다음과 같은 질문을 해 온 일이 있었다.

"내가 참되게 생각하고 있는가, 그렇지 않은가의 판단은 어디에 기준을 둬야 됩니까?"

이것은 정말 좋은 질문이다. 이에 대한 나의 답변은 간단했다.

"영구 불변의 진리와 하느님의 광대 무변한 진리의 견지에서 당신이 자신의 마음을 활동적으로 하게 할 때 당신은 참된 것을 생각하는 것이 됩니다. 그리고 그것은 어제도 오늘도, 그리고 영원히 동일한 것입니다. 당신이 만약 신문 제호·라디오 광고·전통·신앙 등 주위의 조건이나 환경을 근거로 하여 반대의 동작을 취하고 있다고 한다면, 그 때는 당신이 참된 것을 생각하고 있다고는 할 수 없죠."

질문을 한 이 남자는 당연한 일이었지만,《타임스》의 특별란 기고가들의 사상을 그대로 받아들이고 있었을 뿐이었다.

그는 지방이나 주 정치가들의 생각으로 가득 차 있었다. 그 자신의 생각은 전혀 가지고 있지 못하였으며, 다른 사람이 생각하는 것만을 숙고하고 있었던 것이다. 그리고 그것은 주로 소극적인 성질의 것이었다.

그는 곧 이와 같은 사실을 깨닫고, 자기 스스로 생각하기 시작하고, 정신적인 판단의 표준으로 다음과 같은 성경 구절을 선택하고 기도했다.

"종말로 형제들아, 무엇에든지 참되며, 무엇에든지 경전하며, 무엇에든지 옳으며, 무엇에든지 정결하며, 무엇에든지 사랑할 만하며, 무엇에든지 칭찬할 만하며, 무슨 덕이 있던지, 무슨 기림이 있던지, 이것들을 생각하라."

〈빌립보서〉 제4장 8절

어떤 착상이 제출되었을 때에는 언제든 그는 두 개의 대립하는 착상의 그 중간에서 판단하고, 그리고 정신적인 원리의 견지에서 진실한 것에 관하여 마음 속에서 그 결론을 찾아내게 된다. 때로 실패할 것 같다는 생각이 들 때에는 언제든지 용감하게 다음과 같이 긍정하였다.

"광대 무변한 무한의 존재에는 결코 실패가 없다. 나는 성공하기 위하며 이 세상에 태어났다. 성공은 지금 완전한 나의 것이다. 잠재의식이 갖는 무한의 영지는 나에게 응답하며 힘과 용기를 준다. 그리고 나는 지금 그의 해답이 필요하다."

그는 지금 하느님에 대하여 진실한 것의 위치에서 생각하고 있다. 그것은 참된, 광대 무변한 사고 방식이다.

이제 그에게는 어떤 공포도 있을 수 없다. 또한 그에게는 근심도 있을 수 없다. 그의 마음은 지금 푸른 가을 하늘처럼 아주 밝게 개어 있다.

그릇된 생각의 두려움에서 벗어난 어머니

자기 아들이 소아마비에 걸린 것을 근심하여 정신 착란증이라도 걸릴 듯한 어머니가 최근 나를 찾아온 일이 있다.

텔레비전이나 라디오에서의 암에 대한 해설, 또는 보도마저도 이 어머니에게는 괴로움의 대상이었다. 그런 보도를 접할 때마다 혹시나 자기 자신도 어떤 암의 위협을 받고 있지나 않을까 하여 두려운 생각이 들었던 것이다.

심지어는 가볍게 불어오는 바람마저도 그 자신에게 어떤 나쁜 영향을 주지 않을까 하여 전전 긍긍하는 터였다.

그러나 실제에 있어서 이 어머니는 아무것도 생각하는 것이 없었다. 이 어머니는 공포와 이 세상 모든 소극성을 받아들이고 그에 반작용을 일으켰을 뿐이다.

나는 이 어머니에게 먼저, 그녀 자신의 마음 속에 있는 광대 무변한 사고의 힘을 분명히 밝혀 주었다. 그리고 광대 무변한 사고의 힘이 어떤 생각이나 그보다 강렬하고 힘센 반대되는 생각에 의하여 파멸되지 않는 한 현실로서 나타나게 된다는 것을 설명하였다.

또한 진실한 정신적인 사고 방식에는 완전한 두려움이나 근심이 따르지 않는다는 점을 설명하였다.

이 어머니가 두려워하고 있는 것은 전부가 소문이나 그릇된 믿음의 방법, 그리고 사물을 그릇되게 보는 데서 오는 반작용에 지나지 않는다는 것을 인식하기 시작한 것이다.

따지고 보면 이 어머니는 창조적인 광대 무변한 힘이 그녀 자신 속에 존재하며, 그녀가 제시하는, 즉 모든 생각에 응답하여 즉각적으로 흐르게 된다는 것을 깨닫는 대신에 외견상의 원인을 만들어 내고 있었던 것이다.

이 어머니는, 앞으로는 자기 마음 속에서 완전한 판단력, 즉 그릇된 것과 참된 것, 공포와 이상과를 분리하겠다는 단순한 결론에 도달하였다.

모든 공포는 그릇된 견해와 외형, 그릇된 목소리, 그리고 세속적인 선전에 비중을 크게 둠으로써 일어난다는 것을 그녀는 확실하게 깨닫게 된 것이다.

요즘에 들어와서 이 어머니는 커다란 목소리로 다음과 같은 것을 외우고 있다.

"이 우주에서 나만이 유일한 사고자이며, 나의 생각이 보다 창조적이라고 생각하는 것은 유쾌한 일이다. 모든 암시·선전·조건, 그리고 세상의 모든 정황들은 결코 창조적인 것이 아니라 단지 시사하는 것뿐이며, 그 모든 것은 나의 창조적인 생각에 의하여 변화하게 된다는 것, 이것은 정녕 놀라운 일이다. 그리고 내가 하느님의 뜻하는 바를 생각할 때 하느님의 힘은 보다 선善한 것을 생각하고 나와 함께 있다는 것을 나는 알고 있다."

이 어머니는 광대 무변한 유리한 자리에서 생각함으로써 이제 그녀는 적극적이며, 건설적으로 생각할 수 있는 사람이 되었다.

정신적인 동요에 대한 치유법

나는 걷잡을 수 없이 혼란된 어느 부인과 다음의 성경 구절에 대하여 오랜 시간 이야기를 나눈 일이 있다.

"무릇 내게 오는 자가 자기 부모와 처자와 형제와 자매와 자기 목숨까지 미워하지 아니하면 능히 나의 제자가 되지 못하고⋯⋯"

〈누가복음〉 제14장 26절

이 부인은 전통적인 종교에서 이탈해 있었다. 그러나 그녀의 부모는 아직도 전통적인 종교의 착실한 신자여서 딸을 몹시 비판적인 눈으로 보고 있었다. 이런 일로 해서 이 부인은 부모가 자기에게 내린 영원한 형벌에 관한 어두운 선고를 깊이 원망하고 있었던 것이다.

나는 이 부인의 정신적인 동요에 대한 치유법을 설명할 수밖에 없었다.

성경에 있어서 증오한다는 말은 반발한다, 거절한다, 그리고 그릇된 관념을 가진 마음의 동요를 해결하게 되는 것이라고 나는 그 부인에게 설명하였다. 그 의미는 이 부인이 조화·건강·평화·안전, 그리고 인생은 모든 축복이라는 입장으로부터 혼자 힘으로 생각하기 시작해야 한다는 것임을 지시한 것이다.

이를 다른 말로 표현하면, 정신적인 광대 무변한 사고 방식으로서 부모에 대한 적대 의식이나 반대 의식이 있을 수 없다는 말이 된다.

비록 부인의 부모가 서로 다른 종교를 가질지는 모르나, 그렇다고 그들이 소망하는 것을 거절할 수는 없다.

그들의 소망을 멀리하여야 하며, 그 사람들에 대하여 하느님의 모든 축복을 소망한다는 견지에서 그들에게 사랑을 표시해야 하는 것이다.

여러 말을 할 것 없이 이 부인은 언제나 자신의 부모를 친절과 애정으로써 생각하여야 한다.

그러나 여기서 알아야 할 것은 부모의 신앙만을 중오하는 마음, 또는 부정하는 마음 없이 마음 속에서 단호히 거절하고 완전히 배척하여야 한다는 사실이다.

나는 이 부인에게 다음과 같이 설명하였다.

"예수는 비유법을 이용하여 남녀의 생명의 지혜나 영원의 진리에 따라 하느님과 생명과 우주에 관한 모든 그릇된 신앙이나 개념을 거절하라고 하셨습니다."

광대 무변한 법칙은 사랑의 진리이다

부모에 대한 모든 원한이나 노여움을 버리고 자기 속에 있는 하느님의 존재를 숭배하고 존경하며 그에 기울어 있을 때, 부인은 자동적으로 그 마음 속에 자기 부모나 이 세상 모든 사람들에 대한 애정과 신의를 갖게 되었다는 것을 깨달았다.

광대 무변한 법칙을 수행하는 것, 이것이 곧 우리가 말하는 사랑의 진리이다.

표면상으로만 유덕한 남자

2~3개월 전 나는 어떤 남자의 방문을 받은 일이 있다.

그는 나를 찾은 이유를 이렇게 말하였다.

"나는 담배도 안 피우고 술도 안 마십니다. 또한 나는 도박도 할 줄 모르며, 불의不義한 일을 한 기억도 없습니다. 그런데도 나는 계속 손해를 보았고, 불운과 사업상의 실패로 괴로움을 당하고 있어요. 그래서 이와 같은 정신적인 부조리를 치유하기 위하여 정신과 전문의에게 2년 이상이나 다니고 있으나, 전혀 치료 효과가 없습니다."

그는 탄식조로 이렇게 덧붙여 말했습니다.

"도대체 하느님은 무엇 때문에 나를 이렇게 벌하려는 것일까요?"

이 남자는 어떤 그리스 정교회 교도로서, 교회의 모든 규칙이나 종교의 본지를 형식적인 견지에서 신봉하면서 매일 아침저녁으로 기도했다. 그리고 하느님에게 보다 충실하고 선량한 인간임을 스스로 믿고 있었다.

그런데도 전혀 효험이 없자 그는 이제 하느님에 대하여 불평을 토로하게 되고, 고함을 치고, 그리고 하느님이 자기에게만 불공평하게 대우한다고 반발하기 시작하였다.

나는 이 남자에게 자기 자신의 마음의 작용이 너무나 단순함을 가르쳐 주었다. 그리고 그가 여러 가지 규칙이나 법규를 지키고 종교상의 모든 의식을 실행한다 하더라도 모든 종류의 제한이나 시련, 또는 고난이나 손해 등은 자기 자신의 그릇된 사고 방식과 그릇된 신앙에서 비롯된다는 사실을 설명하여 그가 겪은 고통스런 일들의 원인을 밝혀 주었다.

하느님—그 자신 속에 있는 보다 높은 영지—이 그를 벌하고 있다는 그릇된 생각이 다음의 성경 구절처럼 자신의 마음에 의하며, 그가 겪어야 했던 모든 고난의 원인이 되었던 것이다.

"그 마음의 생각이 어떠하면 그 위인도 그러한즉, 그가 너더러 먹고 마시라 할지라도 그 마음은 너와 함께 하지 아니함이라."

〈잠언〉 제23장 7절

실제로 그는 그릇된 신앙에 의하여 자기 자신을 괴롭히고 있었다. 그 위에 자기는 사업이나 또는 그 외의 모험에 있어서 실제적인 실패를 체험한 사람이라는 공포를 지니고 있었다.

나는 또한 불의를 범한다든가, 도덕적이라든가 하는 대상은 육체가 아니라는 점을 지적하였다.

육체는 마음에 의하여 움직일 때만 움직일 뿐이다. 육체는 정신적인 수행에 따라 행동한다. 당신의 육체는 당신에게 과오를 범하게 한다거나, 도둑질 또는 강도적인 행위, 갈취 등을 하게 할 수는 없다.

당신은 정신을 통하여 그 무엇인가를 명령한다. 그러면 당신의 정신적인 명령에 당신의 육체가 움직이게 된다.

당신의 사고나 감정이 생활을 지배하고 당신의 갖가지 경험의 원인이 된다.

당신의 의식하는 마음과 잠재의식과의 상호 작용은 당신 자신의 생활상의 모든 사건의 기초가 된다.

당신이 당신의 현재 의식을 통하여 그릇되고 부정한 결단을 내리게 되면 당신의 잠재의식은 좋든 나쁘든 솔직하게 명령을 받아들이고, 그 자신의 것으로 받아들인다. 그리고 당신의 의식하는 마음이 믿었던 대로 사건이나 경험을 발생하게 한다.

이상의 설명이 그의 마음을 흡족하게 하였다. 그리고 그는 다음과 같은 기도를 규칙적으로 아침과 낮, 그리고 밤으로 이용하기 시작했다.

"나는 하느님에게 나의 마음이 머무르게 합니다. 그 때 나는 완전한 아늑함을 얻게 되고 이를 유지할 수 있게 됩니다. 이와 같은 하느님의 보금자리 속에서 나는 질서와 조화와 하느님의 사랑을 발견합니다. 하느님의 말씀은 모두가 위대한 힘을 가지고 있습니다. 그것은 결코 힘을 잃는 일이 없습니다. 내가 하는 말 속에는 용기와 생기가 넘치고 있습니다.

나는 내가 해야 할 모든 일 속에서, 그리고 처리해야 할 일들 속에서 하느님을 인정합니다.

나의 마음은 지금 하느님에게 머무르고 있습니다. 나의 생활 속에 작용하고 있는 선한 법칙의 활동에 의하여 나는 축복받고 번영합니다.

진리에 관하여 내가 하는 말에는 모두가 활기와 사랑과 광대 무변한 지혜의 의도가 충만합니다.

내가 하는 말은 보다 깊은 나의 마음 속에 강한 인상을 새겨 넣습니다

나의 마음 속에 하느님이 살고 있다는 것을 안다는 것은 정녕 즐거운 일입니다. 왜냐 하면 하느님은 곧 나의 생명이기 때문입니다. 다음과 같은 말

이 지금 나의 마음 속으로 침전하고 있습니다.

'보라, 나는 너희들과 함께 산다. 하느님의 사람들이여, 너희들은 나와 함께 사는 자다.'

내가 나의 친구를 바라볼 때, 그것은 곧 인간의 모습을 한 하느님을 보는 것이 됨을 나는 알고 있습니다.

나는 축복받고 모든 인류에게 애정이 깃들인 사고를 뿌립니다. 나는 지금 그 이야기를 하고 있습니다.

내가 하는 말은 창조적인 것입니다. 내 속에 있는 보다 깊은 마음이 나에게 응답합니다. 완전한 건강과 조화, 그리고 가정이나 마음의 평화, 또는 내가 하는 그 모든 것의 평안함을 지금 나는 명령하는 것입니다.

하느님이 지금 갖가지 방법으로 나를 인도하고 있다는 것과 광대 무변의 정신이 나의 행위 전부를 지배하고 있다는 것을 알고 있으며, 그리고 믿고 있습니다.

나는 나의 잠재의식에 대하여 이를 명령하였습니다. 따라서 그것은 실현되어야만 합니다.

나는 영원한 보석을 내 마음 속에서 발견하는 것입니다."

그는 규모를 갖춘 회사에 고용되어 있었는데, 수없는 승진의 약속을 받았다. 그리고 헤아릴 수 없는 평안을 발견했다.

더 크게 출세하는 방법

어느 미용사가, 성공을 하고, 그래서 좀더 많은 돈을 벌자면 어떻게 해야 하는가를 물어온 적이 있다.

이 미용사는 또한 심한 열등감에 사로잡혀 있어서 자기를 필요로 하는 사람이 전혀 없다고 불평하고, 그러한 자기를 크게 원망하고 있었다.

이 미용사는 선량하지도, 그렇다고 악하지도 않은 보통 사람이었다. 그리고 평범한 수입으로 번화하지 않은 뒷골목에 살고 있었다.

그녀는 자기 자신에 대해서 생각해 보는 일 없이 평균의 법칙에 따라 생활을 창조하며, 경험하고 있었다.

이 평균의 법칙이란 우리들 모두에게 부딪쳐 오는 대중의 마음이며, 자동적으로 병이나 사고 또는 불건전한 상태나 실패, 그 외 모든 종류의 불운을 믿는 일반인들의 마음에 불과한 것이다.

대중의 마음은 그 대부분이 부정적이지만 그 속에는 좋은 것도 또한 많다. 예를 들어, 이 대중의 마음에 사랑이나 평안, 성공이나 자신감에 대한 생각, 또는 하느님의 신앙, 그리고 선善한 모든 것을 주입하는 정신적인 사고 방식을 가진 무수한 사람들의 건설적인 사고 방식도 있다.

그러나 소극성과 무지 속에 사는 사람들이 이와 같은 선한 생각을 하는 사람보다 수적으로 훨씬 많다. 따라서 누구나가 전면적으로 평균의 법칙에 의지하여 생활할 필요는 없다.

당신이 만약 스스로 생각하지 않고 광대 무변한 의식 속에 조용히 머무르지 못한다면 당신은 감수성 예민한 당신 마음의 매개에 부딪쳐 오는 대중의 마음에 의하여 자동적으로 희생될 것이다.

그것은 당신의 모든 사고가 당신을 대신하여 해 줄 것이다. 그리고 그 결과는 당신에게 모든 종류의 거부와 고통을 안겨 줄 것이다.

이 젊은 미용사는 다음과 같은 진리를 배웠다. 즉, 자기가 경험해 온 모든 것은 이제까지 자기가 생각하고 있었던 모든 것에 다른 사람의 생각과 신념을 첨가한 것임을 알게 된 것이다.

요컨대 이 미용사는 이제까지 자기 스스로 생각하는 일이 없었기 때문이다.

이 미용사는 의식하는 마음을 정신적으로 발동시키기 시작하였다. 그러자 그것은 곧 그녀 자신의 잠재의식 수준에서 행동의 법칙이 되었다. 정신적인광대 무변한 사고 방식과 평균적인대중의 사고 방식이 지니는 큰 차이를 그녀는 발견하기 시작한 것이다.

평균적인 사고 방식에서 당신은 자기 자신의 사고 생활을 통제하고 있지 않다. 또한 당신의 잠재의식에 대하여 정당한 명령을 내리지 못하고 있다.

의식하는 마음으로 하여금 의식적으로 정신적인 착상을 선택하도록 작용하기 시작할 때, 이것이 자동적으로 그녀의 잠재의식에 인상 지어지게 되고, 이로써 그녀에게 기적이 일어난 것이다.

이 미용사는 하루에도 몇 번씩 다음과 같은 기도를 묵상하기 시작했다.

"나는 하느님이 내 속에서 움직이는 영혼임을 깨닫고 있습니다. 하느님은 나의 내부의 조화·건강·평안에 관한 느낌, 즉 깊은 확신이라는 것을 나는 알고 있습니다. 그것은 곧 나 자신의 마음의 움직임입니다.

지금 나를 사로잡고 있는 확신과 신앙의 정신과 감정은 하느님의 정신이며, 그것은 또한 나의 마음의 냇물에 접해 있는 하느님의 행동이기도 합니다.

이것이 즉 하느님입니다. 그것은 나무에 있는 창조적인 힘입니다.

진·선·미가 내 삶의 뒤로 이어져 따른다는 신앙과 확신을 갖고 나는 살고 있으며, 움직이고, 존재합니다.

하느님과 모든 선한 것에 대한 이러한 신앙은 전능입니다. 그것은 모든 장벽을 제거합니다. 나는 지금 의식의 문을 닫고 모든 주의를 이 세상으로 부터 움츠립니다.

나는 내재하는 오직 하나의 것, 아름다운 것, 또한 선한 것으로 얼굴을 돌립니다. 여기서 나는 시간과 공간을 초월하여 나의 아버지와 함께 살고 있습니다.

나는 여기서 살고, 움직이고, 그리고 하느님의 가호 아래 사는 것입니다. 나에게는 공포가 전혀 있을 수 없습니다. 여론도 사물의 외관도 관계가 없습니다. 나는 지금은 응답을 얻은 기도의 감정이신 하느님의 존재, 즉 내 속에 있는 선한 것의 존재를 느끼고 있습니다.

나는 내가 명상하는 것으로 되어갑니다. 나 스스로가 되고 싶어하는 것으로 얼마든지 될 수 있다는 것을 느끼고 있습니다.

이를 느낌으로써, 그리고 이를 깨닫게 해 주는 것이 곧 내 속에 있는 하느님의 행위입니다. 그것은 창조하는 힘입니다. 나는 지금 기도가 이루어진 기쁨에 대하여 고마워하고 있습니다. 그리고 그것은 이루어진다는 고요함 속에서 나는 지금 쉬고 있습니다."

이 젊은 미용사는 지금 긍지를 갖고 미용실의 주인이 되었으며, 미용실이 더욱더 발전하여 성공을 거두고 있다.

요약—기억해야 할 중요점

① 사고는 세계를 지배한다. 인간이란 그 자신이 생각하는 바대로 되는 존재이다. 당신의 사고와 당신의 생활에 있어서의 힘에 대하여 건전한 관심을

가지고 이를 존경하기를 배워야 한다.

② 사고의 힘을 믿으라. 그러면 생각하는 일들이 이루어진다는 것을 당신은 알게 될 것이다.

③ 믿는다는 것과 생각하는 것은 별개이다. 정신적인 사고가 100퍼센트 효과적이기 위해서 당신은 하느님광대 무변한 선에 관하여, 그리고 하느님의 법칙에 관하여 당신의 그릇된 믿음의 방법을 바꾸어야만 한다. 당신이 만약 성공하고, 그리고 성취할 것을 생각한다 하더라도 그 다른 한편에는 실패할지도 모른다는 생각이 있는 이상 결과는 실패로 나타나게 된다. 그릇된 믿음의 방법을 바꾸어, 나는 성공하기 위하여 태어났다는 것을 깨달아라. 그러면 이 때 성공하리라는 생각이 현실로 나타나게 된다.

당신 속에 있는 무한한 존재는 결코 실패란 것을 알지 못하고 있다.

④ 당신의 생각 속에 공포나 고민이 없을 때, 바로 이 때가 참된 것을 생각하는 시간이다.

당신이 생각하는 것에 응답해 주는 무한한 존재, 즉 광대 무변한 지능이 있다는 것을 깨달을 때 당신은 생각하는 참된 시간을 가진 셈이다.

그것은 전지 전능하다. 그것은 모든 것을 알고 있다. 당신의 생각하는 것이 그에 기준하여 명료할 때 잠재의식의 무한한 힘이 그에 응답해 줄 것이다. 그리고 당신에게 그 해답을 부여한다.

정신적인 사고 방식을 가지면 당신은 자연히 예리한 판단력으로 공포와 소망을 분별할 수 있다. 그 때 당신은 자기가 생각하는 것에 응답해 주는 유일한 힘만이 존재한다는 명확한 결론에 이르게 된다.

⑤ 창조된 것이나 그 외형에 결코 비중을 두어서는 안 된다. 다시 말해서 창조된 모든 것은 그것이 어떤 것이든 비중을 둘 수 없다는 뜻이다.

당신이 생각하는 것에 응답해 주는 당신 속에 있는 창조하는 힘에만 크게 비중을 두라. 이것이 모든 공포를 추방하는 방법이다.

⑥ 당신이 단순히 신문 제호나 우스갯소리, 또는 라디오의 광고나 다른 사람

의 의견, 그리고 그릇된 믿음의 방법 등에 반사적으로 동의하고 있을 때 당신은 결코 생각하는 자세가 아니다.

하느님과 하느님의 법칙이라는 위치에서 생각하고 판단할 때만이 당신은 생각하는 자세를 유지할 수 있다.

⑦ 당신은 당신의 세계에 있어서 오직 한 사람의 생각하는 사람이다. 그리고 당신은 자기가 사고하는 것에 책임을 져야 한다. 다른 사람의 지시나 다른 사람에게서 들은 이야기는 전혀 중요하지 않다.

또한 하느님의 진리와 비슷하지 못한 것은 그 모두 거절할 수 있다. 당신의 영혼을 기쁨으로 충만하게 하지 못하는 것은 그 모두 가차 없이 거부하라.

⑧ 성경에 나오는 증오한다는 말은 부인한다, 거절한다, 그리고 하느님에 관한 모든 그릇된 개념을 받아들이기를 거부한다는 것을 의미한다.

⑨ 만약 하느님이 지금 당신을 벌하고 있다고 생각한다면 그것은 곧 부정적이며 파괴적인 생각으로부터 모든 종류의 불행과 고민을 당신 자신에게 잠재우는 행위에 불과하다.

⑩ 육체는 불의를 저지르지 않을 뿐만 아니라, 도둑질도 하지 않는다. 또한 금품을 속여 빼앗지도 않는다.

당신의 육체는 당신에게 과오를 범하게 할 수 없다. 당신은 모든 사물을 정신적으로 생각하고 명령한다. 그러면 당신의 육체는 당신이 내리는 명령에 따라 움직이게 된다.

⑪ 평균의 법칙은 평균된 마음의 사고 방식으로부터 성립되어 있는 대중의 마음이다. 그리고 그것은 주로 병이나 불운, 또는 사고와 파국 등 모든 종류의 부정을 믿고 있다.

당신이 만약 스스로 생각하기를 거절한다면 이 대중의 마음, 즉 평균의 법칙이란 존재가 당신을 대신하여 움직인다.

그것이 미치는 결과는 엄청나다. 즉, 평균의 법칙은 당신을 대신하여 모든 것을 생각하고, 당신의 생활에 무서운 혼란을 일으키게 한다.

02

고통과 고민을 이기는
마음의 법칙

You infinite power to be rich

고통이 오래 계속되면 생기와 열성·정력을 빼앗기게 된다. 따라서 육체적으로나 정신적으로 파괴만이 남게 된다.

정신신체의학의 의사들은 장기간에 걸친 고통이 천식·알레르기·심장 장해·고혈압, 그리고 그 밖에 헤아릴 수 없는 많은 병의 원인이 된다는 것을 지적하고 있다.

고민하는 마음은 혼란스럽게 되고 분열을 일으켜 진실이 아닌 일을 이것 저것 무턱대고 생각하게 된다. 여기서 분명히 알아야 할 것은 모든 고민에 마음의 법칙을 적용함으로써 해결할 수 있다는 사실이다.

당신의 문제는 당신의 마음 속에 있다. 당신에게는 소망이 있고, 이 소망을 실현하라. 이것이 곧 당신의 모든 문제를 해결하게 된다.

그러나 당신이 조건이나 그 상황을 그대로 방관하기만 하면 그 때는 부정적인 생각이 당신의 마음 속으로 침투한다. 그리고 여기서 비로소 당신의 소망과 공포심이 치열한 싸움을 벌이게 된다. 당신이 알고 있는 모든 근심스러운 일은 당신의 마음이 부정적인 조건을 받아들일 때에 비롯된다.

당신의 소망을 좀더 차원 높은 것으로 하도록 당신에게 이르는 하느님의 선물이다. 하느님, 즉 당신 속에 살아 있는 전능의 힘에 도전할 수 있는 힘은, 이 세상 그 어디에도 있을 수 없음을 깨달아야 한다. 그런 뒤에 자기 자신에게 이렇게 단언하라.

"하느님광대무변한 지혜이 나에게 소망을 주셨다. 이로써 전능의 힘이 지금 나를 지원하고 소망이 이루어지기 위한 완전한 계획을 제시해 주고 있다. 그런 연유로 하여 나는 마음을 놓고 이를 확신한다."

두려움이나 근심이 당신의 마음 속으로 들어왔을 때는 하느님이 당신의 소망·이상·계획·목적 등을 하느님의 질서에 따라 나타나게 하여 준다는 것을 생각하라. 그리고 날이 밝고 어둠이 가시기까지 이와 같은 마음가짐을 유지하라.

불안과 노이로제를 정복하는 방법

최근 나는 어느 실업가와 면담을 가졌다. 이 실업가의 주치의는 이렇게 말하였다.

"당신의 몸에는 아무런 이상도 없습니다. 그러나 마음 속에 근심이 만성화되어 당신은 지금 불안과 노이로제라는 신경증에 걸려 있습니다."

사업가는 나에게 이렇게 말하였다.

"내가 성공이나 번영, 그리고 보다 많은 부를 기도하고 생각할 때마다 나는 돈이나 사업 또는 미래의 일에 대하여 근심을 하게 됩니다. 그것이 나를 피로하게 합니다. 나는 지금 형언할 수 없을 만큼 피곤합니다."

성공이나 번영에 관한 그의 터전은 만성화된 근심으로 차단되어 있고, 짜증스러운 기분이 그의 정력을 소모하게 했던 것이다.

이 사업가가 불안과 노이로제를 정복한 방법은 다음과 같다. 그는 하루 3~4회 자기 자신만을 응시하는 시간을 가지고 엄숙하게 선언했다.

"사람의 속에는 심령이 있고, 전능자의 기운이 사람에게 총명을 주시나니……."

〈욥기〉 제32장 8절

이 전능의 힘이 내가 있어야 할 자리를 지키고, 내가 해야 할 일을 하고, 또한 나로 하여금 그 힘을 갖게 합니다. 전능한 자의 영지와 힘이 나를 후원함으로써 나의 모든 목적을 성취하게 해 줍니다. 전능의 영지와 힘에 관하며 정확하고 정연하게 생각함으로써 나는 이제 장해나 지체나 방해나 실패 등을 생각하지 않습니다. 끊임없이 이 선善에 따라 생각하면 나의 신앙과 자신은 더욱 높이 쌓아지고, 힘과 침착함이 증대한다는 것을 나는 알고 있습니다. 왜냐 하면 하느님이 우리에게 주신 것은 겁먹은 영혼이 아니라 사랑과 조심성 있는 영혼이기 때문입니다."

약 1개월이 지난 뒤 이 사업가는 다음과 같은 사실을 깨닫기 시작했다. 즉, 그가 태어났을 때부터 자신 속에는 하느님의 도움으로 심어진 체력과 능력, 그리고 영지가 숨어 있다는 사실을.

그는 광대 무변한 영지의 정신적인 치유력에 자기를 맡김으로써 고통을 이겨낸 것이다.

마음 속의 근심과 두려움을 이기는 방법

약 1년 전, 마음의 안정을 잃은 한 어머니가 나를 찾아와 베트남에 가 있는 아들의 일이 걱정되어서 견딜 수 없다고 말하였다. 나는 이 어머니에게 아침저녁으로 아들을 위해 기도할 것을 이르고, 특별한 기도문을 만들어 주었다.

그 후 그 아들은 무사히 베트남에서 돌아왔고, 결혼을 하여 생활의 안정을 찾았다.

그런데 이번에는 또 다른 문제를 가지고 그 어머니가 나를 찾아왔다.

나는 이 부인에게 이미 모든 문제가 해결되었기 때문에 더 이상 근심할 것은 없으리라 말하였다.

이 어머니가 이번에 새로이 가지고 온 문제는 그녀의 아들이 혹시 좋지 못한 처녀와 결혼을 한 것은 아닌가 하는 근심이었다. 그러나 그 처녀가 훌륭한 아내라는 점은 어머니도 실제로 인정하고 있는 터였다. 그러나 어머니는 이런 말을 하였다.

"나는 시종 근심뿐이었죠. 며느리가 혹시 사산이나 하지 않을까, 또는 불구아를 낳지나 않을까 하는 걱정 말이죠. 그러나 며느리는 건강한 아기를 낳았죠."

이 어머니는 아들 내외의 경제적인 문제를 근심하고 있었다.

이 어머니는 자기가 걱정하고 있다고 생각하는 그 일에 실제로 괴로움을 받고 있는 것은 아니었다. 이 어머니의 현실적인 고뇌는 그녀 자신의 마음 속에 있는 불안감이었으며, 이 어머니는 감정적으로도 미완성이었다.

이 어머니와 이야기를 나누면서 나는 그 부인에게 그녀 자신이 공포를 만들고 있다는 사실을 깨닫게 하는 데 성공했다. 다행히 그 어머니는 자기 마음 속의 불안감을 너그러운 안도감으로 대체하였다.

나는 이 어머니에게 기도문을 만들어 주었다.

"보다 높은 곳의 신비로운 장소에 사는 사람은 전능한 존재의 그늘에 살고 있습니다. 나는 보다 높은 사람의 신비한 곳에 살고 있습니다. 이것이 나 자신의 마음인 것입니다. 내가 내 마음 속에 지니는 생각은 그 모두가 조화·안식, 그리고 선의와 일치합니다. 나의 마음은 행복·기쁨, 그리고 깊은 안도감이 사는 장소입니다. 나의 마음 속으로 들어오는 모든 생각들은 나의 기쁨·안식, 그리고 일반적인 지복至福에 기여합니다. 나는 보다 선한 우정과 사랑과 단결의 분위기 속에 생활하고, 나 자신이 그 속에 있는 것입니다.

나의 마음 속에 사는 사람들은 모두 하느님의 아들들입니다. 나의 가족 모두와 그 외 다른 모든 사람들과 함께 아늑합니다. 내가 나 자신에게 바라는 바와 같은 선善한 것을 나의 아들에게, 그리고 아들의 가족을 위하며 소망합니다.

지금 나는 하느님의 궁전에 살고 있습니다. 아늑함과 행복을 나는 요구합니다. 왜냐 하면 내가 지금 하느님의 궁전에 살고 있다는 것을 깨닫기 때문입니다."

하루 종일 이 어머니는 기도문을 되풀이하였다. 그러자 이와 같은 멋있는 정신적인 언어가 그 부인의 잠재의식 그 중심에 있었던 병적인 근심을 해소하고 흔적도 없이 사라지게 하였다. 그 부인은 부정적인 생각을 사라지게 할 수 있는 정신적인 여유가 있다는 것을 발견하였다. 그리고 그 부인의 마음을 이와 같은 멋진 정신적인 진리에 젖게 함으로써 모든 선한 것의 깊은 신앙을 붙들게 된 것이다. 지금 이 어머니는 최상의 것만을 기꺼이 기대하며 살고 있다.

근심을 정복하는 지름길

어느 은행가가 최근 근심을 정복하는 간단하고 실제적인 기도를 부탁하여 나를 찾아온 일이 있다.

나는 이 은행가에게 매일 아침 그날의 일을 시작하기 전에 혼자만의 시간을 갖고 정신적으로나 감정적으로 이와 같은 모든 진리와 그 자신이 한 몸이란 것을 익히도록 권고하였다.

"나는 하느님 속에 살며, 그 안에서 움직이고 존재하는 자입니다. 그리고 하느님 또한 내 안에 살며, 내 속에서 움직이고 존재합니다. 나는 지금 나를 둘러싸고 감싸주는 신성한 힘, 광대 무변한 힘에 젖어 있습니다. 나의 마음은 하느님의 마음이며, 나의 영혼 또한 하느님의 영혼입니다. 내 속에 있는 이 무한한 것이 곧 유일의 존재이며 유일의 힘이기도 합니다. 어떠한 방법으로도 이를 쓰러뜨릴 수는 없으며, 또한 차단되거나 배반될 수도 없습니다. 그것은 강력하며, 총명하며, 어디에나 존재합니다.

이 무한한 힘과 생각을 통하여 정신적으로 이어질 때 어떤 문제보다도 내가 위대하다는 것을 알게 됩니다. 나는 웅장하게 모든 고난, 모든 문제와 대결하며, 하느님보다도 뛰어나다는 것을 알고 있습니다. 그리고 내가 필요로 하는 어떤 체력이나 정신력, 또는 독창적인 아이디어가 매우 신성하며,

광대 무변한 존재에 의하여 나에게 부여됩니다.

행복하며 조화롭게, 그리고 부드럽게 나의 내부에 있는 무한한 존재가 웃음을 짓고, 천천히 휴식을 취하고 있음을 알고 있습니다. 나는 지금 무한한 존재와 파장을 맞추고 있습니다. 그러면 무한한 영지와 힘과 지혜가 나의 생활 속에서 기운차게 움직이는 것입니다.

이것이 바로 나의 존재의 법칙입니다. 그리고 하느님의 평화가 나의 영혼 속에 충만합니다."

이 은행가는 자기가 무엇을 하고 있는가를, 그리고 무엇 때문에 그것을 하고 있는가를 이해하였다.

그는 나에게 이렇게 말하였다.

"내가 이 같은 진리를 긍정하였을 때 그것이 의식하는 마음으로부터 잠재의식에 정신적으로 침투해 가는 방법으로 내 몸의 그 모든 원자를 통하여 빠져드는 것을 상상합니다."

은행에서 그를 만날 때마다 그는 자신의 생활상에 일어난 보다 신기한 이야기, 또는 동료들에 대한 이야기를 나에게 들려주곤 했다.

그는 부드러우며 명랑하다. 또한 침착하며 균형이 잡혀 있다.

그는 마음의 평화가 모든 일을 수행케 한다는 사실을 깨닫게 된 것이다.

불안감을 물리치는 비결

어떤 세일즈맨은 무서운 자동차 사고를 당한 이후부터 도심지에서 자동차 운전을 할 때마다 심한 불안을 느꼈다.

나는 그에게 불안을 제거할 수 있는 지극히 간단한 비결을 가르쳐 주었다. 그리고 마음 속에는 동시에 두 가지 생각이 있을 수 없다는 것, 즉 여행을 두려워하면서 동시에 그 여행을 축복할 수 없다는 것을 그에게 설명하였다.

우리는 자신감과 안도감을 갖고 근심을 물리쳐야 한다.

그는 자기 자동차에 대하여 다음과 같이 축복하기 시작하였다.

"나의 자동차는 하느님의 자동차입니다. 자동차는 하느님의 아이디어입니다. 자동차의 창조는 모든 사람들에게 공동하는 하나의 광대 무변한 마음으로부터 탄생한 것입니다. 나의 모든 행동을 자동차가 지도하고 지시해 줍니다.

내가 자동차를 운전할 때 하느님의 법칙과 질서가 나를 지배하며, 자유롭게 유쾌하게 나를 보살피는 속에서 나는 전진해 나갈 수 있습니다.

나는 길 위를 달리는 모든 다른 운전사들을 축복하고, 생활의 모든 축복을 그들을 위하며 줍니다.

나는 하느님의 사절입니다. 내 자동차를 이루는 모든 부분들은 하느님의 착상으로 이루어진 것이며, 그것은 지금 완전하게 작용하고 있다는 것을 나는 알고 있습니다.

나는 언제나 침착하며 고요하고 냉정합니다. 언제나 성령에 의하여 날쌔고 재빠르며, 생생하고 활기찹니다. 사랑이 나를 에워싸고 나의 길을 곧바로, 그리고 완전하게 하면서 앞장 서 나아가는 것입니다. 언제나 나는 사랑의 신성한 원으로 둘러싸여 있습니다. 이것은 정녕 멋진 일입니다."

지난 3년 동안 그는 단 한 번도 교통 사고를 일으키지 않았다. 교통 법규를 위반한 일도 없었다.

그는 이상과 같은 진리로써 자기 마음을 충만하게 하고, 자신에게 붙어 있는 갖가지 근심이나 공포를 자기 마음 속에서 추방한 것이다.

그는 나에게 이렇게 말했다.

"길 위에 있는 동안 나는 계속해서 박사님의 기도를 습관화하였습니다. 기도 전문을 기억하고 있습니다. 그리고 나의 정신적인 사고에서 오는 보다 높은 진동이 보다 낮은 마음의 두려움을 떨쳐 버린다는 것을 알았습니다."

이 세일즈맨은 이젠 근심도 공포도 느끼지 않는다. 기도가 그의 생활을 바꾸게 한다는 것을 깨달은 것이다.

죽을 고비를 두 번이나 넘긴 약제사

어느 날 나는 디트로이트의 어느 약국을 찾아간 적이 있다. 그러자 약제사가 카운터 뒤쪽으로 나를 부르더니 조제실 위에 놓인 간판을 보여 주었다.

"내가 사망의 음침한 골짜기로 다닐지라도 해를 두려워하지 않은 것은 주께서 나와 함께 하심이라."

〈시편〉 제23편 4절

그의 약국은 세 번이나 강도단의 약탈을 받았고, 그 약제사는 두 번이나 죽을 고비를 넘긴 터였다. 그가 나에게 들려준 이야기는 다음과 같다.

"나는 〈시편〉에 쓰인 명언을 생각합니다. 그러면 그것이 축복이 되어 나

224

에게로 내립니다. 나는 하루에도 몇 번씩 하느님을 나의 친구로서 요청합니다. 하느님은 보다 높은 나 자신이며, 나의 연상의 친구입니다. 하느님은 나를 인도하고, 지켜 줍니다. 하느님의 능력과 지혜는 즉석에서 나에게 도움이 됩니다. 나는 외롭지 않습니다. 가게도, 나 자신도, 그리고 모든 나의 고객들도 하느님의 사랑이 원圓으로써 둘러싸여 있다는 것을 알고 있으므로 나는 안전하다는 것을 느낍니다.”

이 약제사는 공포·불안·근심이라는 문제에 부딪쳤을 때 이를 정복한 것이다.

지난 4년 동안 그는 아무런 고통도 없이 꿈에도 생각지 못했던 번영을 계속하고 있다. 그는 자기의 근심이 바보스러운 생각에서부터 온다는 것을 알고, 지금 비로소 옳게 생각할 줄 알게 된 것이다.

고통을 이기려면 고통을 분해하라

모든 고통을 정복하는 방법은 자기의 고통을 분해하는 데 있다고 어떤 여 선생이 나에게 말한 적이 있다.

그녀는 고통의 씨앗을 들어 이를 이성의 광선에다 비추어 분석하고, 다시 세분한 다음에 다음과 같이 자기 자신에게 물었다.

“그것은 과연 진실한 것인가? 그것은 어디에서부터 오는 것인가? 그것은 어떤 힘을 가지고 있는가? 그리고 그 배후에는 중대한 요소라도 있는 것인가?”

냉정하고 합리적인 생각으로 그녀는 자기의 근심을 해체하고, 그 모든 것이 거짓된 망상에 빠진 자기 자신의 마음의 그림자라는 것을 깨달았다.

그 여 선생이 말한 궁극적인 요약은 다음과 같다.

"나와 같은 교육을 받은 학교 선생이 실체도 없는 그림자를 근심하다니, 이건 말도 안 되는 일입니다."

이 여 선생은 자기 자신의 공포를 웃음으로써 날려 버렸다.

마음 속에서 그릇된 생각을 몰아내는 방법

나의 친구 중 한 명이 심장이 나쁜 것을 걱정하기에 나는 그에게 심장병 전문의의 진찰을 받아볼 것을 권하였다.

그 친구의 심전도를 찍고 진찰을 마친 전문의는 이렇게 진단하였다.

"당신의 심장은 정상입니다. 당신의 유일한 문제는 당신이 감정적인 발작에 걸려 있다는 것과 심장이 나쁘다는 불합리한 생각에 사로잡혀 있다는 점입니다."

그릇된 생각이 마음 속에서 사라지기까지 교묘하고 예민하게 자신의 마음 속에 〈시편〉 제27편의 내용을 주입하라고 그 의사는 말하였다.

그로부터 2~3주일 뒤 발작은 흔적도 없이 사라졌다.

그 친구는 보다 선한 생각을 여러 번 되풀이함으로써 치환의 위대한 법칙을 실행하고, 끝내 그 마음이 자신에게 자유를 주고 평온케 하는 진리를 안겨 준 것이다.

치유 불가능한 병은 없다

바로 얼마 전에 만났을 때에는 침착하던 한 남자가 매우 조심스러운 표정으로 나를 찾아왔다. 그의 주치의가 그에게 혈압이 200을 넘고 있기 때문에 휴식이 필요하다고 충고한 때문이었다.

그는 나에게 이런 말을 하였다.

"나는 마음을 편히 할 수 없습니다. 하는 일이 너무 많기 때문이죠. 거기다 우리 회사는 지금 몹시 바쁜 상황입니다."

그는 사소한 차질이나 오랫동안 쌓여 온 괴로움 때문에 몹시 고민하고 있었다.

나는 그에게 생활의 모든 것은 변화의 법칙에 있어서의 지배와 영향 아래 있게 된다는 위대한 진리에 관하여 설명해 주었다.

옛 찬송가에는 다음과 같은 구절이 있다.

"내 주변에서 변화와 쇠퇴를 나는 본다. 변함 없는 당신은 나와 함께 있다."

하느님에게는 변화가 없다. 하느님은 어제도 오늘도 그리고 영원히 똑같은 존재이다. 그러나 그 밖의 모든 환경이나 사정, 또는 현실은 흔히 교체되기 쉽다.

창조된 모든 것은 언젠가는 반드시 사라진다. 그것은 틀림없는 진리이다.

나는 그에게 이와 같은 진리에 자기를 맞추라고 제안하였다. 영구히 낫지 않는 병이란 있을 수 없다는 것, 당신은 그 모든 문제를 정면으로 정복하기 위해 여기에 존재한다는 것, 그리고 정신적으로 당신은 그렇게 되게끔 준비되고 있다는 것을 가르쳤다.

우선 제1단계는 병과 과중한 업무로부터 주의를 멀리하여 그의 육체를 낫게 하고, 그에게 내재하는 창조적인 광대 무변한 힘이 그를 낫게 하며, 애초의 건강을 회복해 주리라는 것을 믿어야 한다는 것이었다.

의사의 처방에 따른 내복약과 함께 복용하도록 그에게 준 정신적인 처방은 다음과 같은 것이다. 나는 그에게 이 진리를 긍정하고 믿도록 제안하였다.

"하루 종일 주기적으로 세상의 투쟁이나 짜증스러움에서 주의를 멀리하고, 나는 하느님에게로 돌아와 하느님과 함께 있기로 합니다. 그러자 마음과 두뇌가 살찐다는 것을 알게 되었습니다. 하느님의 평화가 나의 마음 속에 넘치기 때문입니다.

하느님은 나에게 완전한 해결, 내가 직면하는 모든 문제에 대하여 완벽한 생각을 계시합니다. 나는 사물의 외관을 거절하고 내 속에 있는 무한한 힘의 주권을 긍정합니다.

하느님이 나를 인도하고, 하느님의 바른 행위가 더할 나위 없이 나를 지배한다는 사실에 나는 지금 열중하고 있습니다.

불가사의하고 광대 무변한 치유력이 내게로 흘러들어 내 몸의 모든 원자 속으로 지금 침투하고 있습니다. 하느님의 평화로운 흐름이 나의 머리, 그리고 나의 마음 속으로 흘러들어 나의 마음은 편안하고 냉정하며 평온할 수 있습니다.

나를 창조하신 하느님의 존재가 지금 나를 완전하게 부활하게 해 주고 있다는 것을 나는 압니다. 그리고 지금 진행되고 있는 치유에 대하여 나는 고마워하고 있습니다."

이런 내용의 기도를 통하여 하루에 여러 번 규칙적으로 이를 긍정함으로써 그는 그날의 번뇌나 짜증스러움으로부터 자기의 분별을 구하는 데 성공하였다.

그리고 1개월이 지나자 정기 건강 진단에 나타난 결과는 정상이었다. 그는 자신의 정신이 다시 새로워지기 시작했으며, 건강을 되찾았다는 사실을 알았다. 업무에서의 긴장이나 피로가 그를 방해할 때 그는 다음과 같이 외쳤다.

"아무도 나를 괴롭힐 수 없다."

이것이 그의 모토가 된 것이다.

그는 광대 무변한 지혜나 하느님을 마음 속에서 찬양함으로써 이제 그가 직면한 모든 문제는 점차 축소되고 있다. 아무도 그를 화나게 하는 사람이 없으며, 자극할 수도 없다. 하느님의 힘으로 모든 문제를 해결하고, 모든 도전을 받아들이는 것이 타당하다고 느끼고 있기 때문이다.

그는 자기 내부의 정신력적인 말로써 자기 자신을 재평가하고 있다.

"내가 산을 향하여 눈을 들리라. 나의 도움이 어디서 오는가."

〈시편〉 제121편 1절

두려움과 근심을 추방하는 기도

깊은 감정을 담아 다음의 사실을 매일 긍정하라.

"나는 황홀하고 감격스러운 하느님의 광대 무변한 존재에 관하여 새롭고 강한 확신을 얻고 있습니다. 밝디밝은 느낌과 자신, 그리고 그 어떤 것도 두려울 것이 없는 기분에 젖어 있습니다. 아무것도 두렵지 않다는 것,

즉 뒷걸음질을 쳐야 할 이유는 전혀 없다는 것을 나는 알고 있습니다."

왜냐 하면 하느님은 존재하는 모든 것이며, 어디에나 있는 존재이기 때문이다. 나는 하느님 속에 살며, 그 속에서 살아 움직이는 존재이다. 따라서 나에게는 공포란 있을 수 없다.

나는 하느님의 사랑으로 둘러싸여 있다. 그리고 평화라는 이름의 하느님의 황금 냇물이 나를 통하여 흐른다. 모든 것은 그로 인하여 순조롭다.

나는 다른 사람들의 정황이나 현실을 결코 두려워하지 않는다. 하느님이 나와 함께 있기 때문이다.

하느님에 대한 신앙이 나의 영혼에 가득하다. 그로써 공포가 사라진다. 나는 지금도 그렇고 앞으로도 또한 하느님이 계신 곳에 살 것이다. 따라서 어떤 공포도 나를 건드릴 수는 없다.

그 어떤 미래도 나는 두려워하지 않는다. 왜냐 하면 하느님이 나와 함께 계시기 때문이다. 하느님은 나의 거주지이며, 또한 하느님의 모든 것으로 나는 감싸여 있다.

하느님은 나를 창조하고 나를 뒷받침해 준다. 나는 하느님의 지혜에 의하여 인도되며, 그에 좌우된다. 따라서 나에게는 과오가 있을 수 없다.

하느님은 숨결보다도 가깝고 손발보다도 가까운 곳에 있다.

왜냐 하면 위대한 진리를 마음 속에 알고 있으므로 지금 나는 하느님이 존재한다는 신념을 찬양할 수 있는 것이다.

요약—매일 되풀이해야 할 진리

① 근심이란 것은 하느님이나 하느님의 광대 무변한 지혜를 믿기보다 당면한

문제나 파괴를 믿는 마음이 큰 데서 일어난다. 모든 근심은 광대 무변한 마음의 법칙을 적용함으로써 해방될 수 있다.

② 근심은 당신의 소망이나 이념, 그리고 공포를 동반한 당신의 생각을 충돌 케 함으로써 일어난다. 당신의 소망은 하느님의 광대 무변한 선물이며, 당신이 이것을 배양하여 신앙과 자신을 가지고 지지할 때, 그것은 분명히 실현된다는 것을 깨달아야 한다.

③ 불안신경증은 끈질긴 마음의 고통을 의미한다. 만성적인 근심은 진실이 아닌 것을 여러 가지로 망설이며 생각하는 데서 시작된다. 모든 근심은 소극적인 습관이다. 당신 속에 있는 전능한 힘이 당신이 바라는 바를 이루어 주고, 당신이 원하는 것이 필요한 것을 줄 수 있다는 것을 깨닫게 됨으로써 당신의 고민을 정복하라. 그러면 점차 당신의 근심은 축소되고 마침내는 사라지게 된다.

④ 당신은 당신이 근심하고 있다고 생각하는 일을 언제나 근심하는 것은 아니다. 만성적인 고민은 원래 불안감과 하느님의 광대 무변한 자애로부터 멀어져 가고 있다는 감각에서 일어난다는 것을 기억하라. 당신이 근심하는 일의 창조주는 당신 자신이며, 또한 광대 무변한 지혜의 사고로써 이를 물리칠 수 있는 것도 또한 당신 자신임을 깨달아야 한다. 이것은 당신을 자유롭게 하는 위대한 교체의 법칙이다.

⑤ 당신 속에 있는 최고의 힘은 패배나 좌절을 알지 못하며, 또한 어떤 방법에 의해서도 방해됨이 없다. 그것은 전능의 존재이며, 당신이 하느님의 존재와 광대 무변한 힘에 결합하여 생각할 때, 이 힘은 당신 속에서 보다 적극적인 태도를 취하게 된다.

⑥ 광대 무변한 지혜가 당신을 앞장 서 걸어가면서 당신이 가는 힘을 곧게 해 주며, 기쁘고 행복하게, 그리고 안전하게 그 길을 다듬어 준다는 것을 깨달아야 한다. 그러면 당신이 이용하는 자동차나 또는 그 밖의 어떤 교통 기관이라도 안전한 여행을 할 수 있도록 축복해 줄 것이다.

⑦ 하느님은 당신의 절실한 친구이다. 그는 또한 당신에게 어떤 재난이라도 두려워함이 없다는 것을 깨닫게 해 준다. 하느님의 그림자를 투영하는 존재와 광대 무변한 힘이 언제나 당신을 지켜 주고 있다는 것을 알라. 그러면 당신은 기쁨에 찬 나날을 보낼 수 있을 것이다

⑧ 근심스러운 모든 일을 조각조각 분해하여 이를 광대 무변한 이성의 빛에 비추어 보라. 그러면 실제에 있어서 그것들은 실체가 없으며, 단지 당신의 마음 속의 불합리한 그림자의 착각에 지나지 않는다는 것을 알게 된다. 근심의 씨앗을 웃음으로 물리치고, 그림자와의 싸움을 즉각 중지하라.

⑨ 병에 걸리지나 않을까, 또는 실패하지나 않을까 하는 등의 어리석은 생각에 사로잡힐 때에는 이 세상 모든 고민과 두려움의 가장 위대한 해독제인 〈시편〉 제27편의 진리를 교묘히 끈질기게, 그리고 서서히 마음 속에 불어넣음으로써 마음 속에 도사리고 있는 그릇된 생각을 흐트러뜨릴 수 있다는 것을 깨달으라. 당신의 마음은 당신을 자유롭게 할 수 있는 진리를 포착할 것이다.

⑩ 이 세상 모든 사물이 언젠가는 사라져 버린다는 것은 위대한 진리이다. 당신은 영구히 고통을 당해야 할 이유가 없으며, 또한 영구히 법으로 괴로워할 필요도 없다. 어떤 것이든 모두 그와 반대되는 것으로 변화해 간다는 것을 알라.

"이것도 언젠가는 사라질 것이다.

이것이 바로 그 진리이다.

03

자신을 가지고
성공의 신념을 확립하라
You infinite power to be rich

광대 무변한 마음의 법칙은 일반적인 법칙일 뿐이므로
우리들 인간에 대하여는 고려하지 않는다. 이를 좀더 간단한 말로 표현해
보면, 마음의 법칙은 당신이 생각하는 것을 당신 스스로가 새로이 만들어
낸다는 것, 당신이 느끼는 것을 당신 스스로가 끌어당긴다는 것, 그리고 당
신은 당신이 상상하는 바로 그 존재가 된다는 것을 지적하고 있다.

수학·화학·물리·전기 등의 여러 법칙은 역시 이와 마찬가지로 일반적인
것이어서 인간에 대해서는 생각함이 없다. 당신이 만약 전기가 지니는 전도
성이나 절연에 관한 법칙, 또는 고전위로부터 저전위로 흐르는 전기의 성질
을 이해하지 못한다면 당신은 쉽게 감전으로 죽을 것이다.

다시 말해서 이해하지 못하는 에너지에 손을 댄다는 것은 위험 천만한
일이다.

역시 이와 같은 규칙이 화학의 법칙에도 적용된다. 당신은 원자량, 즉 원
자가의 특수한 능력에 관하여, 그리고 인력이나 반발 작용의 법칙에 대해서

도 배워야만 한다.

또한 당신은 유기나 무기의 화학 제품을 깊이 연구할 때 비로소 멋진 화합물을 만들어 냄으로써 헤아릴 수 없이 많은 방법으로 인류를 축복해 주는 새로운 발견을 낳을 수 있다.

당신이 잘못을 저지르면 당신은 그릇된 결과를 경험하게 된다.

행동이나 반동, 그 모두는 모든 자연계에서 일어나는 만인 공통의 특징이다. 이를 진술하는 또 하나의 방법은, 당신이 진실이라 느끼는 그 생각은 그것이 어떤 것이든 모두 당신의 잠재의식에 인상 지어진다는 것을 지적한다. 그리고 당신의 잠재의식은 일단 그 자신에 새겨진 것인 이상, 그것이 좋은 것이든 나쁜 것이든 표현하게끔 된다.

당신이 지금 좋은 일만을 생각하고 있다면 당신에게는 계속 좋은 일만 일어나게 될 것이다. 반대로 당신이 지금 나쁜 일을 생각하고 있다면 계속해서 나쁜 일만 생기게 될 것이다.

예를 들어, 당신이 이번 달에 새로운 사업을 개업한다면 당신은 우선 다음과 같은 확신을 가져야 한다.

"나는 성공을 약속받고 태어난 몸이다. 따라서 성공은 틀림없이 나의 것이다."

자신을 가지고 이와 같은 신념을 확립하라.

하느님의 지혜와 힘, 그리고 그 능력이 당신을 위하여 작용하고 있다는 것을 믿고 요구하라. 그러면 그의 반동으로서 당신은 위대한 성공자가 되고, 당신의 기업은 순풍의 돛을 단 듯 발전을 계속할 것이다.

그 법칙은 시작과 종말이 동일하다. 당신이 확신에 넘친 마음가짐으로 시작하면 당신은 성공·승리를 목표하게 된다. 그리고 거기서 오는 반동은 언제나 당신의 의식하는 생각과 그 느낌과의 정확한 재생 작용을 일으키게 되므로 당신은 정확한 이 법칙에 대한 해답을 경험한 것이 된다.

바람난 남편의 사랑을 되돌린 기도

어떤 부인이 이렇게 비관하고 있었다.

"결혼 생활 20년 동안 우리는 행복하게 살았어요. 그런데 최근에 와서 그렇게 다정했던 남편이 바람을 피우기 시작하더니 끝내 내 곁을 떠나고 말았습니다."

나에게 상담을 하러 왔을 때, 그녀는 이런 말을 하였다.

"몇 달 전 남편의 사무실을 찾아갔을 때 나는 거기서 아름다운 갈색 머리의 새 여비서를 만났어요."

그 여비서는 우아하고 매혹적이었다고 한다. 부인으로서는 자연 질투의 감정을 느낄 수밖에 없었음을 시인하였다.

나는 이 부인에게 다음과 같이 물었다.

"당신의 남편이 그 여비서에게 흥미를 느끼게 되지나 않을까 하여 혹시 두려움을 느끼거나 근심한 일은 없나요?"

그러자 이 부인은 솔직히 이렇게 긍정했다.

"그렇게 느꼈습니다."

나는 부인에게 그녀가 생각하고 행동한 일에 대하여 자세히 설명해 주었다.

즉, 남편이 바람을 피우고 있을지도 모른다는 생각이나, 또는 그 정신적인 심상이 잠재의식을 통차여 그녀의 남편 쪽으로 전달된다는 사실을 말이다.

또한 주관적인 마음은 언제나 동일한 것이므로 그녀 자신의 잠재의식에도 역시 그와 같은 생각이 인상 지어진다는 사실, 그리고 그렇게 됨으로써 그녀가 보다 두려워한 일들이 언젠가는 반드시 엄습해 오게 된다는 것을 알아듣기 쉬운 말로써 설명을 해 주었다.

이 부인이 생각하는 것이 너무나 강렬하고 정신적인 심상이 매우 세찼기 때문에 부인의 가정 생활에는 너무나 빨리 불행이 닥쳐온 것이다.

부인은 자신의 마음의 법칙을 지나치게 부정적으로 사용함으로써 그에 상응하는 결과를 경험하게 되었던 것이다.

여기서 그녀는 내가 제안한 것에 따라 그녀 남편과 이제까지의 사태에 대하여 허물없이 터놓고 이야기하고, 그녀가 정신적으로 괴로워하고 있었던 그 모든 일에 대하여 남편에게 이야기했다.

그러자 남편은, 자기의 잘못을 인정하고 여비서와 헤어지기로 결심하게 되었다. 그리고 하느님의 축복을 받은 사랑의 이음줄이 다시 이들 두 사람을 묶어 놓았다.

부인의 남편은 마음의 법칙에 관하여는 전혀 아는 것이 없었지만, 이제는 《잠자면서 성공한다》를 공부하고 날마다의 생활에 적응하기 위하여 무한한 노력을 기울이고 있다.

이 부인의 성공은 다음과 같은 기도를 아침저녁으로 이용한 데서 얻어진 것이다.

"나는 나의 남편이 나의 건설적인 생각이나 심상을 잘 받아들이고 있다는 것을 알고 있습니다. 남편의 마음이 평안할 수 있기를 나는 요구하고, 느끼고, 그리고 믿고 있습니다.

나의 남편은 모든 면에 있어서 하느님에 의하여 인도되고 있습니다. 남편은 하느님을 위한 물길입니다. 하느님의 광대 무변한 사랑이 남편의 정신과 마음을 충만하게 하고 있습니다.

지금 남편과 나 사이에는 조화와 평화, 그리고 사랑과 이해가 넘치고 있습니다. 나는 남편이 행복하며, 밝고, 명랑하고, 번영된 광경을 나의 마음 속에 그리고 있습니다.

모든 부정에 대하여 확고한, 흔들림이 없는 불사신적인 하느님의 사랑과 그 광대 무변한 원이 남편의 주변을 에워싸고 그를 감싸줍니다."

광대 무변한 법칙을 건설적으로 이용한 다음에는 그녀의 마음의 혼란이 가라앉고, 자연스럽고 평화로운 안정된 마음의 상태를 되찾을 것이다.

그리고 신성한 부부의 유대가 지금 그녀와 남편 사이를 최고로 지배하고 있다.

다섯 번째 이혼으로 고민하는 남자

자포 자기의 상태에 빠진 듯한 한 남자가 자신이 당면하고 있는 결혼 문제를 해결해 달라고 나를 찾아온 일이 있다.

그의 이야기는 이렇다.

자신은 보다 이상적인 아내를 맞이하고 싶다는 생각으로 계속하여 다섯 번이나 결혼을 거듭했는데, 이번에도 실패하여 결국 현재의 다섯 번째 아내와 또다시 이혼을 하고 싶다는 것이었다.

나는 그에게 우선 광대 무변한 마음의 법칙에 대하여 역설하였다. 그리고 그의 마음의 법칙은 완전하고 정확하며, 현저하고 공평하게 나타난다는 것을 지적하였다.

사과나무를 낳는 것은 사과씨이듯이, 인간이라는 존재는 자기의 깊은 마음 속 상태를 자기 생활의 모든 면에 정확히 재현하는 존재, 곧 이것이 우리들 생활의 법칙이다. 다시 말해서 안쪽의 그대로를 바깥쪽에, 그리고 하늘마음에 있는 그대로를 지상육체·환경·조건·경험, 또는 사건들에 표현하는 것이다.

그는 자신이 생각하는 것이나 그 감정이 즉각 자기 생활에 작용한다는 것을 분명히 깨닫고, 마음 속의 극히 애매한 그 몇 가지를 정리했으리라고 나는 생각한다.

사람이 생각하거나 믿거나 한 것, 그리고 진실이라고 생각하고 느꼈던 것들 이외의 것은 결코 경험할 수 없다는 것을 그는 분명히 마음 속에서 인정하게 되었다.

만약 실패할 것을 상상하고, 그리고 자기는 틀림없이 패배할 것이라고 느낀다면, 그 때는 장해물을 뛰어넘어 성공을 거두거나 승리를 쟁취할 수 없을 것이라는 것을 나는 그에게 이야기해 주었다.

당신이 겪은 경험이란, 당신 마음 속의 태도나 신념에 정확히 들어맞고 또한 그에 연관되는 것이므로 결국 이와 같은 마음의 법칙은 지극히 멋있는 것으로 생각할 수밖에 없다.

그는 나에게 다음과 같이 말하였다.

"질투나 공포, 또는 노여움, 그리고 소유라는 마음의 형태를 계속 유지하는 이상 결코 해결의 방법은 나오지 않는다는 것을 나는 알았습니다. 따라서 설사 이혼을 하더라도 그것이 결코 해답은 될 수 없다는 것을 깨달은 것이죠."

이어서 그는 이렇게 덧붙였다.

"나는 나 자신을 변형하여야 합니다. 나는 아내의 부정을 비난하여 왔지만, 나 자신의 그릇된 행위나 비참한 결과의 모든 원인은 나 자신의 잘못이나 공포, 그리고 불안한 마음의 표현이라는 것을 이제야 알게 되었습니다."

그는 결국 총명한 추론을 하게 된 것이다. 그로서는 현재의 아내와 이혼을 하고 또 다른 여자와 결혼을 할 수도 있었을 테지만, 그것만으로는 결국 질투나 비난, 낙담이나 자기 자신에 대한 연민, 그리고 억압된 노여움 등 역시 모든 것들이 마찬가지로 외롭고 괴로운 마음가짐의 되풀이에 지나지 않는다는 것을 깨달았던 것이다.

그는 다음과 같은 기도를 날마다 확신하기 시작했다.

"동시에 두 가지 일을 한다는 것은 무리입니다. 두 가지 일이 동시에 같은 장소에 있을 수 없다는 것도 또한 나는 알고 있습니다.

사랑과 원망하는 마음을 동시에 가질 수 없겠지요. 나는 아내의 일을 생각할 때는 언제나 자신을 갖고 다음과 같이 기도를 하고 있습니다.

'하느님의 사랑이 아내의 영혼을 충만하게 합니다. 아내에 대하여 나는 선의와 평안과 조화를 살포합니다. 우리들의 결혼은 정신적인 결합입니다. 나는 하느님과 함께, 그리고 모든 사람들과 함께 있는 존재입니다.'

나는 아내의 삶을 충만하고 완전하고 보다 값진 것으로 할 수 있다는 것을 알고 있습니다. 사상과 진실과 완전을 가지고 있는 사람만이 우리들이 체험하고 있는 것과 같은 경험을 느끼게 되는 것입니다."

그의 아내는 결코 이혼하기를 원하지 않았지만 그의 그릇된 근거도 없는 비난이나 독설에 체념한 상태였다. 그러나 그가 자기 마음의 학문에 관심을 갖게 되었다는 것을 알고 그녀는 크게 기뻐하고 그의 정신적 전환에 어쩔 줄을 몰라했다.

그들은 지금 두 사람 모두 그들의 마음의 법칙을 옳게 사용해 나가기로 합의하고 있다.

거절을 승낙으로 바꾸는 기도

지난 해 하와이에서 어떤 남자를 만난 일이 있다. 그 사람은 나에게 자기가 쓴 원고를 보여 주었다. 나는 이 원고를 읽고 깊은 감명을 받았다. 그런데도 그는 열 곳이나 되는 출판사로부터 출판 거절의 통지를 받았다.

우리들의 성공이나 실패나, 육체적인 건강이나 고뇌 등 그 모든 것은 우리들의 의식하는 마음의 상태가 정확히 나타난 결과이다. 이것이야말로 우리들이 생각하거나 느끼거나 믿거나 하는 그 방법이다. 또한 우리들이 정신적인 승낙을 주는 모든 것은 반드시 그대로의 형태로 표현되므로 이 남자가 겪는 처참한 결과는 궁극적으로 나의 마음의 법칙이 완전히 작용한 데서 비롯되었던 것이다.

이 남자는 마음 속에서 거절당하는 자기 모습을 그리고 있었다. 그가 생각하는 것이 곧 행동이며, 그가 경험하는 것은 그에게서 비롯된 반응이었던 것이다.

바로 행동과 반응이 일치한 것이다. 여기서 그는 정신적인 태도를 뒤엎고 대담하게 다음과 같이 기도했다.

"무한하며 광대 무변한 영지가 나의 원고를 받아들여 출간하고, 그리고 더 바랄 나위 없이 진행시켜 주는 이상적인 출판업자를 나에게 소개해 줄 것입니다.

나는 이와 같은 생각을 완전하게 나의 마음 속에 받아들입니다. 나의 마음이 마치 영화의 영사 기사映寫技士와 같다는 것을 나는 알고 있습니다. 만약, 화면에 영사된 사진이 마음에 들지 않을 때에는 나는 필름을 바꾸어 새로운 장면을 영사할 수도 있습니다.

이와 마찬가지로 나의 정신적인 그 내용은 언제나 각색되어 나의 관객적 세계에 그려지는 것입니다.

나의 생각과 감정이 나의 미래를 예언한다는 것을 나는 알고 있습니다. 나는 지금 나의 마음에 대하여 조화, 하느님의 가르침, 그리고 정당한 행동 이라는 건설적인 사고를 축하하고 있습니다. 나는 나의 참된 가치를 의식하고 있습니다. 그리고 나의 목적을 구체화하는 하느님에 대하여 깊고 변함 없는 존경을 하고 있습니다.

잠재의식 속에 있는 무한의 영지가 나의 습관적인 사고 방식에 응답을 해 줍니다. 공포감이 나의 마음 속으로 들어올 때는 언제든 나는 조용히 다음과 같이 요구합니다.

'나의 생활의 모든 면에서 행동하고 있는 것은 하느님이며, 그는 나의 모든 소망을 필요한 시간에 정확한 방법으로 이루어줍니다.' "

이처럼 광대 무변한 것에 따라 마음을 정리하기 시작하자 그에게 가르침이 있었다. 즉, 출판할 출판사를 찾아낸 것이다.

출판사에서는 그의 원고를 받아주고 출판을 해 주었다. 그리고 엄청난 성공을 거두었다.

그는 지금 다음 작품을 집필하고 있는 중이다.

신앙과 자신감으로 공포를 바꾸어 놓아라

로스앤젤레스에서 만난 한 여인과 나는 흥미 있는 이야기를 나누었다.

그녀는《인생을 마음대로 바꾼다》는 나의 책에 관하여 강의했던 월셔 에벨 강당에 참석하고 있었다.

여인은 먼저 다음과 같은 이야기를 하였다.

"나의 생활은 처음부터의 운명에 따라 결정되고 있는 것 같습니다. 그 모든 것이 불리한 쪽으로만 흘러가고 있으니까요. 그렇게밖에는 생각할 수 없는 형편이에요. 지난 4년 동안 나는 네 명의 남자와 약혼을 하였는데, 해마다 그 사람들이 공교롭게도 결혼식 직전에 불의의 죽음을 당하곤 했습니다."

나는 그녀에게 물었다.

"혹시 랄프 왈도 에머슨이 말한 운명에 관한 해설을 읽었거나 들은 일이 있나요?"

그녀는 대답하였다.

"없어요."

에머슨의 해설은 다음과 같다.

"사람은 유대紐帶가 숨겨져 있는 데서 자기의 운명을 별도의 것으로 생각하게 되는 것이다. 그러나 영혼잠재의식은 그에게 내려지는 사건을 그 속에 내포하고 있다.

왜냐 하면 그 사건이란 잠재의식이 생각하는 것을 현실화한 것에 지나지 않기 때문이다. 우리가 우리들 자신에 대하여 기원하는 것은 그것이 어떤 것이든 반드시 이루어진다. 사건은 당신 자신의 복사판이며, 자신의 피부처럼 당신에게 밀착해 있다."

나는 이 여인에게 자기 속에 있는 훈련이나 조절이나 신학적인 개념, 또는 감동적인 수취법受取法이나 생각이나 감정, 그리고 신앙으로부터 자기의 환경이나 경험·사건 등을 조성한다는 것을 설명하였다. 또한 그녀의 잠재의식이 언제나 그녀 자신의 습관적인 사고나 신념을 재생하고 있다는 것, 생활을 바꾸기 위해서는 생각 그 자체를 바꾸고 이를 언제까지나 지속하여야 한다는 것을 강조하였다.

이 때 나는 다만 그녀에게 다음과 같은 사실을 조리 있게 차분히 설명하여 주었다.

"당신 주위의 어떤 남자도 여자의 생활을 지배할 수 없다는 것을 알아야 합니다."

또한 나는 덧붙였다.

"당신의 약혼자나 잘 아는 사람, 부모, 또는 친구가 죽거나 사고, 그 외의 어떤 참사로 갑자기 세상을 떠나더라도 그들은 각기 자기 자신의 의식하는 마음의 상태를 입증하고 제시하고 있으므로 당신이 비난을 받아야 할 이유는 결코 없습니다."

실제로 그녀는 자기가 자기 곁으로 끌어당기는 사람들은 그 누구도 최초의 약혼자와 마찬가지 운명에 처하게 될 것이라고 끊임없이 의식적으로 또는 무의식적으로 두려워하고 있었던 것이다.

그 여인은 나에게 말하였다.

"그러한 두려움을 느낄 때마다 실제로 두려운 사건이 일어난다는 것을 나는 알고 있었습니다. 그것이 숙명이죠."

그녀는 자기 마음의 법칙과 그녀가 자기 자신에게 해 온 일을 이해하기 시작하였다.

"나의 두려워하는 그것이 내게 임하고, 나의 무서워하는 그것이 내 몸에 미쳤구나."

〈욥기〉 제3장 25절

이것은 욥기의 한 구절이다.

이와 같은 마음의 움직임, 즉 작용이 그녀로부터 행복이나 안녕, 그리고 꿈의 완성이라는 의식을 빼앗아 갔던 것이다.

여기서 그녀는 그 다음 세계로 옮아가려는 남성들을 끌어당긴 것이다.

그 여인은 마음의 태도를 거꾸로 하여 대담하게 다음과 같이 기도하였다.

"두 개의 서로 같지 않은 물체는 서로 저항을 느낀다는 것을 나는 알고 있습니다. 나는 하느님과 함께 걸으며 이야기합니다. 하느님이 나를 인도하고 있다는 사실, 조화의 법칙이 언제나 나를 다스리고 있다는 사실을 나는 믿고 있습니다.

부조화와 조화는 서로 공존할 수 없다는 것, 또한 부르짖음과 동시에 웃음을 보일 수 없다는 것을 나는 알고 있습니다.

하느님이 나를 사랑하고 염려해 준다는 것을, 그리고 하느님이 나를 가르치고 지시한다는 것을, 내가 느끼고 믿고 요구할 때, 하느님의 법과 질서가 나를 다스리기 때문에 부서진 기차를 탄다는 것은 불가능하다는 것을 알게 된 것입니다.

이와 마찬가지로 완전히 정신적·이성적·육체적으로 나와 조화를 이룰 수 있는 멋진 남성을 나 스스로가 끌어당기고 있다는 것을 알고, 하느님의 사랑의 빛 속을 통하여 걸어나갈 때 마음의 법칙이 이에 응답해 준다는 것을 나는 알고 있습니다.

내가 마음 속에서 그와 같은 남성을 만나게 될 때 나는 마음 밖에서도 그를 만나야만 합니다.

왜냐 하면 이것이 나의 마음의 법칙이기 때문이죠. 이제 그것이 하느님의 마음 속에서 완성되고 있다는 것을 나는 알고 있습니다."

이상과 같은 기도를 광대 무변한 힘과 함께 깊이 생각하였을 때 그로부터 2~3주일 후 이 여인은 어느 치과의를 만나게 되었고, 그로부터 청혼을 받았다.

그리고 내가 그들 두 사람의 결혼식 주례를 설 수 있는 영광을 차지했다.

그녀는 자신이 느껴 왔던 공포를 신앙과 자신감으로 치환한 것이다. 그리고 광대 무변한 법칙을 옳게 이용할 때 기적이 일어난다는 사실을 깨달은 것이다.

우선 확신을 가지고 보다 선한 것을 요구하라

어떤 젊은 지배인이 《당신도 부자가 된다》에 나오는 문구를 인용하여 정성껏 기도를 하고 이를 확신하고는 있으나 조금도 좋은 결과가 나타나지 않는다고 불만을 털어놓았다.

이 젊은이의 고민은 자기 자신에게서 보다 좋은 것을 끄집어내는 데 있었다. 그는 나에게 이런 말을 했다.

"동료들이 승진을 하고 봉급이 오를 때 나는 그들이 몹시 부러웠습니다."

그는 또한 그의 사장처럼 막대한 돈을 가지고 있고, 두뇌도 명석하고, 영리하였으면 하고 바라는 한편, 그러한 여건을 지닌 사장에 대하여 원망 비슷한 감정을 느끼고 있었다.

무엇이든 그 어느 누구도 깨뜨릴 수 없는 광대 무변한 법칙에 관하여 내가 설명하고 있을 때 그는 허기진 사람처럼 귀를 기울이고 있었다.

광대 무변한 법칙이란 인간의 마음잠재의식 속에 있는 전혀 과오를 범하지 않는 불변 불이의 영원한 법칙이다. 모든 사고는 행동의 시작이며, 잠재의식으로부터 그에 해당하는 반응을 환기하여 사고 그 자체를 나타내는 경향이 있다.

성경에는 다음과 같이 씌어 있다.

"네 이웃의 집을 탐내지 말지니라."

〈출애굽기〉 제20장 17절

이 말은, 그의 경우에는 다른 사람이 가지고 있는 것을 주관적으로 이치에 닿지도 않게 탐내고 있었다는 것을 의미한다.

이는 그 자신의 내부에 있는 손실·부족·한도 등의 기분이며, 이 같은 마음의 법칙에 따라 그는 체면과 용기, 그리고 승진을 잃고, 손실을 한층 그 자신 가까이 끌어들였던 것이다.

일반적으로 우리들 인간은 이와 같은 방법으로 자신을 가난한 존재로 형성하고 있다.

그가 마음 속에서 정신적으로 바람직한 상태로 형성하지 못하는 한 평생을 어떤 것도 달성할 수 없으리란 것과 이 세상에는 공짜가 없다는 것을 그에게 말해 주었다.

요컨대 그는 우선 적절한 확신을 가지고 보다 선한 것을 요구하며 이를 느끼고 정신적으로 받아들여야 한다는 것을 알려 주었다.

그와 같이 실행하였을 때 그의 보다 선한 것이 자동적으로 뒤따르게 되는 것이다.

그는 선망·질투·탐욕 등 이제까지 그가 지녀온 사고에 의하여 건강·평화·번영을 자기 자신으로부터 훔쳐내고 있었다는 것을 깨달았다. 그의 사고는 일·돈지갑·생활의 모든 면에 있어서 그대로의 모습으로 나타났다.

이 젊은이가 규칙적으로 다음과 같은 기도를 현명한 마음으로 되풀이하였을 때 그는 만족을 느꼈다.

"모든 동료와 이 세상 모든 사람들을 위하여 나는 마음으로부터 성공·행복·평안·부를 소망합니다. 그들의 승진·성공·발전을 나는 기뻐합니다. 나는 지금 하느님의 한 곳에 치우쳐 있으며, 그 모든 활동에 관하여 차분히 생각합니다.

이같이 무한하고 광대 무변한 지혜가 마치 혹성이 궤도를 돌듯이 우리를 가르치고 있다는 것을 나는 알고 있습니다.

이와 마찬가지로 하느님의 영지가 우리들의 생활을 지배하고 인도합니다. 하느님의 이해가 언제나 나의 것임을 요구하고 또한 확신합니다.

나의 모든 활동은 이 같은 내재하는 광대 무변한 것에 의하여 감독받는다는 것을 나는 알고 있습니다. 하느님의 지혜·진리·아름다움이 언제나 나를 통하여 표현되고 있습니다.

메아리 속에 있는 모든 것을 알고 있는 존재가 이 광대 무변한 힘을 이용하여 무엇을 하는가, 어떻게 하는가를 알고 있습니다. 나의 사업이나 직업이 그에 의하여 완전히 감독되고, 지배되고, 인도됩니다.

하느님의 지도는 언제나 훌륭합니다."

그는 선망·질투·탐욕 등의 사고가 마음 속에 들어올 때는 언제나 다음과 같이 확신하였다.

"나는 그를 위하여 생활에 있어서의 모든 축복을 간절히 소망한다."

얼마 뒤, 모든 부정적인 생각이 그 힘을 잃었다. 그리고 그는 자기를 위하여 광대 무변한 힘을 작용하게 할 수 있도록 마음의 상태를 조절하였다.

그 이후로 그는 눈부신 승진을 거듭하였다.

전쟁을 법률로써 추방하려 한 남자

최근 나는 팜 온천에서 일련의 강연회를 가졌는데, 그 때 내가 머무르던 호텔에서 전쟁을 혐오하는 한 남자를 만났다. 그는 나에게 전쟁을 비합법화하는 서류에 서명해 줄 것을 요청하였다.

그는 이렇게 말하였다.

"현재 2만여 명의 서명을 받았습니다. 앞으로 수천만 명의 서명을 더 받을 예정입니다."

그런 뒤에 이 서명을 의회에 제출하여 전쟁을 추방하는 법률을 통과시키고, 또한 다른 모든 나라에다 이를 촉구하겠다는 것이다.

그러나 이것은 헛소리와 같다.

우리는 한참 동안 이야기를 나누었다. 그리고 나는 그에게 이런 말을 하였다.

"평화를 위하는 문서에 서명을 하고, 이를 세계 모든 나라들의 의회에 제출한다고 하더라도 그것은 결코 효험이 없을 것입니다."

평화에 관한 정부 법령이나 정식 계약 또는 서약에 무수한 국가가 조인을 하였으나, 조인한 잉크 빛깔이 채 마르기도 전에 조약이 파기된 예는 얼마든지 있으며, 이는 우리들 인류 역사가 증명하고 있다.

의회이든 입법 정부이든, 평화나 화합·안전·풍부, 그리고 이웃에 대한 사랑을 법률로써 규제할 수는 없다. 이는 그 모두가 인간의 정신과 마음 속에서 결정되는 문제이며, 또한 그 속에서 제정된다.

평화는 개인으로부터 시작된다. 사람이 그 자신 속에 평화를 지니면 자기 아내·친구·동료, 그리고 세계의 모든 사람들과 평화를 유지할 수 있다.

그러나 만약 그 사람이 노여움이나 원한이나 적의, 또는 억압된 격분으로 마음이 가득 차 있다면 자기 자신 및 이 세상 모든 사람들과 불화할 수밖에 없다.

국가는 개인의 집합체이다. 따라서 평화에 대한 법령을 기록할 유일한 장소와 그 방법은 자기 자신 속에 있는 평화의 하느님과 개인이 파장을 맞춤으로써 자기를 통하여 흐르는 평화와 사랑, 화합과 기쁨 등의 흐름을 각 개인들이 느끼는 것으로써 표시된다.

인간이 자기 속에 있는 무한한 마음으로 이를 수 있고, 그 곳에서 스스로 원하는, 스스로 그러기를 소망하는, 또는 스스로 자기 것으로 하고 싶은 것들을 요구하고, 느낄 수 있다고 깨달을 때 비로소 영지靈智의 힘에 응답한다. 그리고 그는 살아 있는 사람의 머리카락 하나라도 손상됨이 없이 스스로 원하는 것을 가질 수 있다는 것을 깨닫게 된다.

전쟁은 공포·증오·탐욕·복수·노여움·번뇌 등으로부터 비롯된다. 따라서 인간에 대한 인간의 잔학 행위는 무수한 사람들을 슬프게 한다는 것을 나는 그에게 덧붙여 설명하였다.

하느님은 왜 전쟁을 방치하는가?

이것은 나의 강연에서 제출된 또 하나의 문제이다. 한 부인이 나에게 이렇게 물었다.

"하느님이 만약 사랑이며, 선이며, 예지라면 하느님은 어째서 전쟁이나 범죄·살인, 또는 약탈 등을 멈추지 않을까요? 무엇 때문에 몇 천만이나 되는 어린이들을 굶겨 죽이고, 무수한 사람들을 절름발이로 만들고, 전쟁과 파괴를 만들고, 불구아를 만드는 것일까요?"

이 부인은 하느님에 대하여 분명한 노여움을 보이고 있었다.

이에 대한 해답은 간단하다. 하느님은 보편적인 존재이며, 광대 무변한 힘이며, 광대 무변한 규모이며, 만인 공통의 견지로부터 작용하는 최고 무한의 영지이다. 그 법칙을 간단히 설명하자면, 만인 공통의 것이 개인의 것으로 됨으로써 특별한 것, 즉 개인이라는 수준에 이르는 것에 의하여만 행동이 가능하다는 뜻이다.

다시 말하면 하느님은 세계를 지배하고, 오직 광대 무변한 수준에 따라 행동하며, 개체나 리듬, 질서의 아름다움, 그리고 균형된 힘으로써 작용하고 싶다는 뜻이다.

하느님이 당신을 통하여 작용하는 유일한 방법은 당신의 사고나 감정이나 정신적인 심상을 통해서이다.

당신은 의지 작용이나, 선택이나 진취의 기상을 가지고 있다. 당신은 살해자가 될 수 있는 자유와 옳다고 믿는 사람이 될 수 있는 자유를 가지고 있다. 만약 그렇지 않다면 당신은 인간일 수 없다.

당신은 선하게 될 수 있도록, 신성한 존재이도록 강요당하고 있는 것은 아니다. 화합이나 평화·기쁨·사상·풍요함, 그리고 생활의 모든 축복을 선택할 자유를 가지고 있다.

당신은 자기 남편이나 아내를 사랑할 것을 강요당하고 있는 것은 아니다. 당신은 다음과 같이 서약하였다.

"나는 세계의 모든 사람들 속에서 유일하게 그 사람을 선택하였습니다."

인간이 정서적으로 미숙한 상태에 머물러 있는 이상 원한이나 악의·질투·혐오·노여움을 지니고 있는 동안은 자기 자신과 그리고 세상 모든 사람들과 화목할 수 없다. 그 한 사람 한 사람을 몇 배로도 확장해 보라. 그러면 그것이 곧 국가가 된다.

하느님의 법칙은 개인과 국가와 세계를 다스린다. 하느님은 전쟁·범죄·질병, 또는 불화나 사고를 방치할 수 없다. 모든 판단은 그 아들에게로 부여된다. 그 아들이란 당신의 마음을 의미한다. 당신이 생각하고 있는 그 방법으로 당신은 자기 자신을 평가한다.

당신은 자기 자신의 정신과 마음에 우선적으로 평화를 이르게 할 수 있다. 그러면 당신의 세계는 평온할 것이다. 당신 자신 이외에는 아무도 당신을 바꿀 수 있는 존재가 없다.

지금 곧 시작하라.

"종말로 형제들아, 무엇에든지 참되며, 무엇에든지 경건하며, 무엇에든지 옳으며, 무엇에든지 정결하며, 무엇에든지 칭찬할 만하며, 무슨 덕이 있던지 기림이 있던지 이것들을 생각하라."

〈빌립보서〉 제4장 8절

이상과 같이 하면 당신의 모든 세계는 마치 마법과도 같이 녹아 당신이 자기 자신에 대하여 생각하는 모습, 또는 그 형태가 복사된다. 그리고 당신의 마음 속에 있는 사막은 생생하게 살아나 장미원처럼 번성한다.

광대 무변한 힘이 당신을 위하여 기적을 일으키고 있는 것이다.

요약—마음에 유의할 점

① 마음 속 광대 무변한 법칙은 일반적으로 사람을 존경하지는 않는다. 당신이 법칙을 깨뜨릴 수는 없다. 왜냐 하면 법칙은 당신의 마음 속에 쓰여지고, 당신이라는 존재의 영적인 부분에 새겨지기 때문이다. 그 법칙이란 당신 스스로 생각하는 것과 같은 것을 창조한다는 것, 당신이 느끼는 것을 끌어당긴다는 것, 그리고 마음 속에 그리는 것으로 될 수 있다는 말이다.

② 수학·물리·화학·전기 등의 이 모든 법칙은 당신의 마음 속에서 작용하

고 있는 법칙과 다르지 않다. 만약 전기의 원리를 그릇되게 사용하거나 잘못 관리할 때, 당신은 문제를 일으키게 된다. 당신이 만약 부정적인 생각으로 마음의 이용법을 그르치거나 그릇되게 지시하면 당신은 또한 문제를 일으키게 될 것이 분명하다.

③ 작용이나 반작용은 모든 것의 성질에 걸쳐 널려 있는 보편적인 것이다. 당신의 사고는 곧 작용이다. 그리고 그의 반작용은 당신의 사고 생활에 대한 잠재의식의 해답이다.

생각과 그 결과는 동일하다. 당신은 하나를 생각하여 또 다른 하나를 낳을 수 없다.

당신이 생각하는 것과 당신의 경험은 동일하다.

④ 자기 남편을 성실하지 못한 존재로서 마음 속에 그리고, 끊임없이 그와 같은 선에서 생각하는 아내는 문자 그대로 스스로 두려워하는 것을 경험하게 될 것이다. 이런 방법으로 그 아내는 마음의 법칙을 달성함으로써 자기가 가장 두려워하던 것을 받아들이게 되는 것이다.

⑤ 마음 속에 실패하는 모습을 그리는 한 당신은 성공이나 성취, 선의 승리를 실현할 수 없다. 당신이 가진 실패의 이미지는 공간적인 영사막에 투사된다.

⑥ 두 가지 문제가 동시에 같은 장소에 존재할 수는 없다. 성공을 생각하여 마음 속의 렌즈 초점을 성공에 맞추고, 성공할 수 있는 모든 가능성에다 이를 맞추라. 그러면 당신은 성공할 것이다.

⑦ 마음 속에 정신적인 거부 이미지를 갖는 한 당신은 같은 것을 경험할 것이다. 왜냐 하면 마음 속에 있는 그대로가 밖으로 표현되기 때문이다.

⑧ 트럼프의 카드는 당신에게 불리하지 않다. 당신의 생각이나 감정이 당신의 운명을 창조하는 것이다.

당신의 미래는 당신이 현재 생각하는 것의 광대 무변한 힘으로 표현된 것이다.

⑨ 서로 같지 않은 것은 서로 거부한다. 하느님이 만약 당신을 인도하고, 조화의 법칙이 언제나 당신을 다스리고 있다고 믿는다면, 부서진 승용차에 타고 있더라도 결코 부상을 입을 염려는 없다.

⑩ 다른 사람을 선망하고, 다른 사람의 것을 탐내는 행위는 자기 자신을 가난하게 할 뿐이다. 그것은 당신에게 부족과 모든 종류의 제한을 끌어당기는 행위일 뿐이다.

⑪ 어떤 정부이든 의회이든 평화·화합·사랑·번영·안전 등을 법률로써 규정할 수는 없다. 이 모든 것은 광대 무변한 힘의 원천과 개개인이 그들의 파장을 맞추었을 때 그들의 정신과 마음 속에서 규정되는 것이다.

⑫ 하느님은 보편적인 마음, 즉 만물 공통의 수준에서 작용하는 광대 무변한 존재이다. 전쟁이나 질병이나 범죄는 하느님을 추방할 수 없다. 하느님은 당신의 생각이나 전쟁이나 심상을 통하여 작용하고 그 임무를 다 한다.

⑬ 하느님은 인간이 아니다. 하느님은 광대 무변하며 보편적인 영혼이다.

당신이라는 존재는 개별적으로 구별된 하느님의 표현이다. 당신은 의지나 선택이나 진취적 기상, 또는 광대 무변한 힘을 이용한다는 영적인 지식을 모든 물체 속에서 당신의 최고의 선善을 위하여 언제든지 소용되게 할 수 있다.

마음만 먹으면 당신도 부자가 된다

1판 1쇄 인쇄 1997년 6월 20일
1판 1쇄 발행 1997년 6월 30일
5판 1쇄 발행 2023년 6월 30일

지 은 이 조셉 머피
옮 긴 이 미래경제연구회 · 이선종
편집주간 장상태
편집기획 김범석
디 자 인 정은영

발 행 인 김영길
펴 낸 곳 도서출판 선영사
주   소 서울시 마포구 서교동 485-14 선영사
Tel 02-338-8231~2   Fax 02-338-8233
E-mail sunyoungsa@hanmail.net

등   록 1983년 6월 29일 (제02-01-51호)

ISBN 978-89-7558-159-5   13300